Ralph Tegtmeier

RUNEN
Alphabet der Erkenntnis

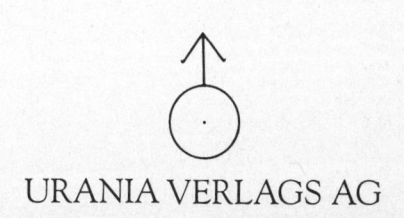

URANIA VERLAGS AG

1. Auflage; 1. bis 5. Tausend 1988

ISBN 3-908644-52-6

© 1988 by Urania Verlags AG, Neuhausen
Alle Rechte der Verbreitung, auch durch Funk,
Fernsehen, fotomechanische Wiedergabe, Tonträger
jeder Art und auszugsweisen Nachdruck vorbehalten.
Urania Verlags AG, CH-8212 Neuhausen
Gesamtherstellung: Schneelöwe, Durach

Printed in Germany

Dieses Werk ist
Edred Thorsson gewidmet –
Runenmeister *sans pareil*

Inhaltsverzeichnis

VORWORT 9

1. Kapitel – EINLEITUNG 11

RUNENGESCHICHTE, RUNENGESCHTEN 11
DIE ENTSTEHUNG DES FUTHARK 15

Zum Schluß noch ein Wort der Warnung 22

2. Kapitel – WEIHEHANDLUNG 25

ZUM AUFBAU DIESES BUCHES 25

Die Runenform 26
Das Bild 26
Stichworte 26
Der Runenvers 27
Weihehandlung 27
Weissagung 28
Runenmagie 28

3. Kapitel – WEISSAGUNG 31

FRAGEN UND ANTWORTEN 33

Keine Ja-oder-Nein-Fragen 33
Keine Suggestivfragen 33
Keine vagen Fragen 34
Keine überpräzisierten Fragen 34
Im eigenen Erfahrungsbereich bleiben 35
„Führe das Orakel nie in Versuchung!" 36

ORAKELTECHNIKEN	38
Das Runenziehen	38
Das Runenwerfen	38
Das Zeitachsenorakel	39
HINWEISE FÜR DIE ORAKELDEUTUNG	42

4. Kapitel – RUNENMAGIE	45
WAS IST RUNENMAGIE?	45
DIE RUNENWEIHE	46
DIE RUNENINTONATION	48
DAS RUNENSTELLEN (STADHA)	49
SCHUTZMAGIE	52
Schutz durch Mittung	52
Schutz durch Wachsamkeit	55
Schutz durch Humor	56
Einige praktische Schutztechniken	57
HEILUNGSMAGIE	58
TALISMANTIK	59

5. Kapitel – RUNENSTEINE UND ANDERE RUNENTRÄGER	63

6. Kapitel – DIE RUNEN IM EINZELNEN	65
Anmerkung zu den Runenversen	65
DIE RUNE FEHU	67
DIE RUNE URUZ	71
DIE RUNE THURISAZ	74
DIE RUNE ANSUZ	78
DIE RUNE RAIDHO	81
DIE RUNE KENAZ	85
DIE RUNE GEBO	89
DIE RUNE WUNJO	92

DIE RUNE HAGALAZ	95
DIE RUNE NAUDHIZ	99
DIE RUNE ISA	102
DIE RUNE JERA	105
DIE RUNE EIHWAZ	108
DIE RUNE PERTHRO	111
DIE RUNE ELHAZ	114
DIE RUNE SOWILO	117
DIE RUNE TIWAZ	120
DIE RUNE BERKANO	123
DIE RUNE EHWAZ	126
DIE RUNE MANNAZ	129
DIE RUNE LAGUZ	131
DIE RUNE INGWAZ	135
DIE RUNE DAGAZ	138
DIE RUNE OTHALA	141
ANHANG	144

WEITERFÜHRENDE LITERATUR
KONTAKTADRESSE

VORWORT

Die historischen Ereignisse auf deutschem Boden in unserem Jahrhundert haben es für heutige Autoren und Verleger geradezu zur Pflicht gemacht, sich regelrecht dafür zu entschuldigen, wenn sie ein Buch über die Runen und ihren Gebrauch vorstellen. Ich kann und will hier nicht weiter darauf eingehen, wie dies zu bewerten ist, möchte aber — gewissermaßen als Programm für dieses Werk — festhalten: Die Runen sind weitaus älter als ihr politischer Mißbrauch im Dritten Reich, man kann sie nicht dafür verantwortlich machen, daß sie zum Signet nationalsozialistischer Willkürherrschaft geworden sind. Das wäre nicht nur unhistorisch gedacht, es käme auch einer Pauschalverurteilung gleich, die den Praktiken der „Heiligen" Inquisition an Verwerflichkeit ins nichts nachstünde. Es wird Zeit für ein unverkrampftes, entideologisiertes Verhältnis zu unserem kulturellen Erbe, um damit auch die Vorteile zu nutzen, die die Arbeit mit den Runen anbietet. Soviel zur Einordnung dieses Buchs.

Für mich persönlich haben die Runen seit jeher eine merkwürdige Mischung aus Faszination und Ehrfurcht ausgestrahlt, das hat sich durch die Arbeit an diesem Buch eher noch verstärkt. Es ist nicht notwendig, sich in die keulenschwingenden Attitüden und Plattitüden eines Pseudogermanentums zu versteigen, um die Kraft der Runen zu spüren, um jene Weisheit zu erahnen, die uns durch die verschiedenen Runensysteme über die Jahrhunderte hinweg anweht. Die Runen sind eine Entwicklung äußerst bodenständiger, schamanisch denkender und fühlender Völkerstämme, die sogar noch in ihren heiligsten Weihehandlungen nie den Kontakt zur Alltagswirklichkeit verloren. Auf diese Aspekte wird die folgende Einleitung noch näher eingehen.

Dem Leser von heute aber steht es frei, sich auf das „Abenteuer Runen" einzulassen und selbst zu entscheiden, wie weit er dabei gehen, wie tief er jene noch unerforschten Ländereien im Innersten der Seele erkunden will, zu denen die Runen ein Tor von vielen möglichen darstellen. Runenwissen ist stets auch Seelenwissen, zu dem das Unbewußte erfahrungsgemäß einen viel unmittelbareren Zugang hat als unser rationaler Verstand. Daher sollen in diesem Buch auch bei der Vermittlung der Runenkunde die Gesetze des Unbewußten berücksichtigt werden. Dies geschieht im eigentlichen Runenteil durch die Gliederung in verschiedene „intuitive" Rubriken: Bilder, assoziative Stichworte, poetische Zitate aus der Runendichtung, der Gebrauch der Duform in der Anrede, Affirmationen usw. Hinweise für den Umgang damit finden sich in einem späteren Kapitel.

Wenn das Werk dazu beitragen sollte, dem einen oder anderen Interessierten die Welt der Runen auf der Grundlage *persönlicher Erfahrung* zu erschließen, so hat es seinen Zweck mehr als erfüllt. So könnten manche dadurch ihr Leben bereichern und erhalten Gelegenheit, als Magier oder Runenmeister unmittelbaren Einfluß auf ihr Schicksal zu nehmen, es zu befragen, Trends zu erkennen und zu nutzen, Schutz und Heilung durch Runenarbeit zu erhalten und finden vielleicht sogar einen neuen Zugang zur Transzendenz jenseits von Zeit und Raum.

Frater V.·.D.·.
Unkel, im Brachmond 1988 e.V.

1

EINLEITUNG

RUNENGESCHICHTE, RUNENGESCHICHTEN

Runen – nach Meinung orthodoxer, akademischer Sprachforscher „nur" ein Alphabet der germanischen bzw. nordischen Volksstämme, das erst relativ spät, nämlich um 50 v.Chr. nachzuweisen ist, abgeleitet (darin sind sich die Gelehrten noch nicht einig) entweder aus der römischen oder aus der etruskischen Schreibschrift.

Runen – nach Meinung esoterischer Autoren ein ganzes System von Weisheiten und Kräften, für die die verdinglichten Runen*zeichen* nur ein Ausdruck von vielen sind, älter als der Fels, in grauer Vorzeit von den Weisen geschaut, den Menschen von Göttern übergeben, damit sie diesen Schatz hegen und pflegen und ihrem Leben damit Gedeihen bescheren.

Was ist Wahrheit? Ist es das trockene Bücherwissen des Archivars, dem nichts gilt, was nicht schriftlich fixiert, erhalten und entziffert wurde? Ist es das Paradigma des Naturwissenschaftlers, der vorgibt, die Dinge so zu sehen, wie sie „wirklich" sind: bemessen nach Zahlen und Gewichten, die äußere, materielle Schale ohne innere, geistige Substanz? Oder ist es die schwärmerische Vision eines etwas überhitzten esoterischen Geistes, der zwar allen gesicherten historischen Erkenntnissen hohnspricht, aber behauptet, er habe eben jene geistige Essenz geschaut, die sich hinter dem „Schein der Dinge" verberge?

Die Runen wurden auswendig gelernt, sie wurden vergessen;

sie wurden aufgeschrieben, sie wurden verbrannt; sie wurden geachtet und verachtet, gebraucht und mißbraucht. Den germanischen bzw. nordischen Völkern galten sie als heiliges, göttliches Wissen − dem deutschen Faschismus als willkommenes Werkzeug, um seine „völkischen Ideale" historisierend (aber dabei, wie jede Ideologie, historisch verfremdend bis verfälschend) aufzupolieren. War unseren Vorfahren die Rune *sowilo* (ᛌ) ein Symbol der Sonne und der Dynamik des Donnerkeils, so wurde sie im Dritten Reich zum Schreckenszeichen von jenem finsteren „Orden unter dem Totenkopf", den SS-Killertruppen und der todbringenden Maschinerie der Gaskammern.

Doch was haben die Runen selbst damit zu tun? Machen Symbole sich etwa schuldig, wenn der Mensch in sie hineinprojiziert, was ihm in sein Weltbild paßt? Oder, tiefer durchdacht gefragt: Wenn am esoterischen Anspruch etwas dran ist, wieso haben die Runen dann eine derartige „Entweihung" zugelassen? Oder war das grauenerregende Inferno des Untergangs des „Tausendjährigen Reichs" (und mit ihm des alten Europa) vielleicht eine subtile Rache der Runen und jener Mächte, für die sie stehen sollen? Wer könnte das zweifelsfrei beantworten? Oft werfen die Runen mehr Fragen auf, als sie klären, und das ist sicherlich ganz gut so, denn es zwingt uns, ihr an Bildern und Erfahrungen so reiches Universum auf eigene Faust zu erkunden.

Deshalb möchte dieses Buch Ihnen ein Angebot machen, das im Zusammenhang mit der sonst meist üblichen Vermittlung von Runenwissen zunächst vielleicht etwas ungewöhnlich anmutet. Sie können hier die Runen auf ganz unbekümmerte, sogar *naive* Weise *selbst* erforschen, völlig unabhängig von den Deutungsversuchen irgendwelcher selbsternannter „Meister" und „Historiker", „Eingeweihter" und „Runenpriester". Esoterisches Wissen war schon immer individualistisch, sogar revolutionär. Mit seiner Hilfe erschloß sich der Mensch Macht und Freiheit − die Macht über sein eigenes Schicksal, die Freiheit vom transzendentalen Vermittlungsmonopol selbstzufriedener, verfetteter Priesterkasten. Wenn die Runen Sie auf Ihrem Weg zu einem erfüllten, selbstbestimmten Leben nicht ein Stück freier und unabhängiger von den Zwängen machen, die Umwelt und Gesellschaft, Lehrer und Familie, Politiker und Arbeitgeber Ihnen auferlegen wollen oder bereits auferlegt haben − dann werfen Sie sie fort! Wozu Zeit und Kraft für etwas vergeuden, das Ihnen nichts bringt?

Wozu sich damit abquälen, seltsame Zeichen und Namen auswendig zu lernen, in ihr Symbolsystem einzudringen und es mühsam verstehen zu lernen, wenn das Ergebnis in keinem vernünftigen Verhältnis zum Aufwand steht?

Wenn Sie aber entdecken sollten, daß die Runen Ihnen einen ganzen Kosmos neuer Bilder und Kräfte, Erkenntnisse und Handlungsmöglichkeiten erschließen können, dann scheren Sie sich nicht um die fadenscheinigen Einwände von Ideologen und „Wissenschaftlern", die Ihnen einzureden versuchen, das sei doch alles politisch dubios, psychologisch gefährlich und beruhe ohnehin nur auf Selbsttäuschung. Lassen Sie sich davon nicht beirren und verunsichern. (Das ist keine bloße Theorie: Versuche dieser Art werden nämlich mit Sicherheit immer wieder vorkommen, sobald andere von Ihrem Interesse an den Runen erfahren.) „Was ist Wahrheit?" Diese Frage kann, darf und soll jeder Mensch nur für sich allein beantworten.

Freilich wollen auch die Runen und ihre Gesetze erst einmal „erlernt" werden. Sie stehen historisch fern genug, um unseren Verstand, der durch eine 2000 Jahre lang in eine andere, runenfeindliche Richtung verlaufene Geschichte geprägt ist, vor einige Rätsel zu stellen. Das ist nicht immer leicht und verlangt nach Aufmerksamkeit, gutem Willen und etwas Geduld.

Doch gibt es eine Instanz, die einen sehr viel leichteren Zugang zu diesem weitgehend in Vergessenheit geratenen, tief vergrabenen Wissen um unsere kulturelle(n) und seelische(n) Ge-Schichte(n) hat als die reine Vernunft. Das Unbewußte reagiert bei entsprechender Schulung sehr feinfühlig auf Bilder und Verse, auf sprachlich kaum noch faßbare Aussagen aus dem Reich der Runenzauber. Die alten Götter, die alten Runenmächte sind nicht tot: Odin schlummert noch heute tief in unserem Inneren und wartet auf den Tag, da wir es ihm gestatten, wiederaufzuerstehen und Teil unseres bewußten Lebens zu werden. Das können Sie nun symbolisch verstehen oder ganz wörtlich, es spielt für den Gebrauch dieses Buchs und der Runen keine Rolle.

Indem Sie einen möglichst *spielerischen* Ansatz wählen und sich die Runen im besten Sinne des Wortes *spielend* erarbeiten, lösen Sie sich von dem alten Zwang, erst ein halbes Dutzend toter Sprachen erlernen zu müssen, sich in die Wahnsinnsetymologien „ariosophischer" Kreise zu stürzen und ein halber

Geschichtswissenschaftler zu werden, bevor Sie sich daran wagen dürfen, die erste Rune in die Hand zu nehmen und zu befragen.

Begegnen Sie den Runen mit Respekt, aber nicht mit übertriebener Ehrfurcht. Gönnen Sie sich ruhig eine Menge *Spaß* mit den Runen – sie können es nicht nur vertragen, sie begrüßen es auch. Unsere Vorfahren waren nämlich nicht halb so humorlos, wie ihre heutigen Erben sie oft darstellen.

DIE ENTSTEHUNG
DES FUTHARK

Man unterscheidet allgemein in ein Älteres und ein Jüngeres Futhark. Das Wort „Futhark" selbst ist nichts anderes als eine Zusammenfassung der ersten Buchstaben des Runenalphabets, nämlich f, u, th, a, r und k.

Früher wurden die Runen in Stein geritzt oder in Holzstäbe geschnitzt. Unser heutiges Wort „Buchstabe" rührt noch daher: In der Zeit des Althochdeutschen bestanden Bücher aus zusammengehefteten Buchenholztafeln, in die man „Stäbe" schrieb. Es gilt als sicher, daß heute nur noch ein winziger Bruchteil aller Runeninschriften bekannt ist, da weitaus die meisten auf wenig beständigen Materialien wie Holz, Leder und Stoff angebracht wurden, so daß sehr wenig erhalten geblieben ist. Der bisher älteste Runenfund ist die Brosche von Meldorf an der Westküste Jütlands, die auf etwa 50 v.Chr. datiert wird. Dennoch spricht vieles dafür, daß die Runen weitaus älter sind. Doch das bleibt vorläufig leider nur Spekulation.

Das Ältere Futhark kennt 24 Stäbe. Es gibt aber auch Futharks, beispielsweise das Angelsächsische und Friesische, mit 33 Stäben. Ebenso Futharks, die eine Reihe von 23 oder sogar 28 Stäben aufweisen. Auch eine Weiterentwicklung der 24er-Struktur auf eine Reihe mit 26 Stäben ist nachweisbar. Im 7. Jahrhundert entwickelte sich aus dem Älteren das Jüngere oder Nordische Futhark mit seinen 16 Stäben.

Zu erwähnen ist auch noch, daß im späten 19. und frühen 20. Jahrhundert im Rahmen der damaligen Runenrenaissance vor allem durch den österreichischen Romancier und Runenforscher Guido (von) List (1848-1919) ein neues 18er-Futhark aufkam, das die praktische Runenarbeit im deutschsprachigen Raum bis heute geprägt hat. List und seine Anhänger, die ihn wie einen Propheten verehrten und es teilweise noch heute tun, gingen davon aus, daß es ein „wahres" 18er-Alphabet der Runen gegeben haben müsse, von dem jeder Stab einer der 18 Eddastrophen des Odinslieds entspreche. Diese Reihe ist jedoch profanhistorisch nicht nachweisbar, und inzwischen arbeiten wieder immer mehr Runenkundige mit dem Älteren Futhark, dessen Möglichkeiten noch lange nicht ausgelotet scheinen.

Abbildung 1 zeigt die vier bekanntesten Futharkreihen.

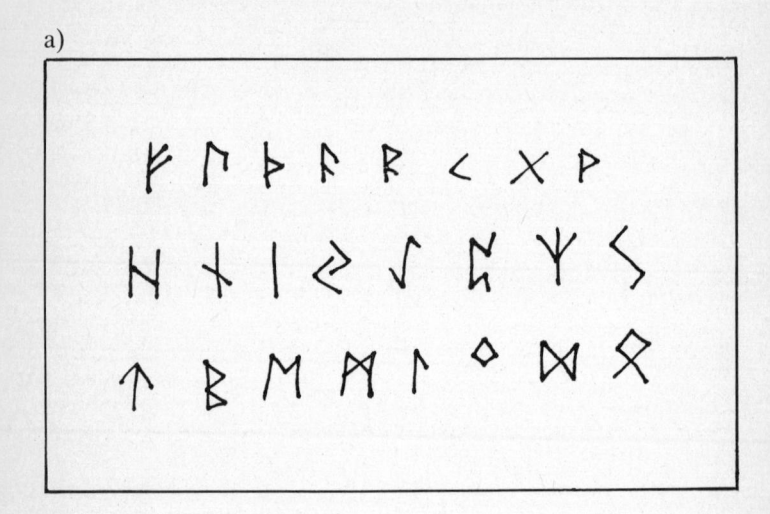

a)

b)

16

c)

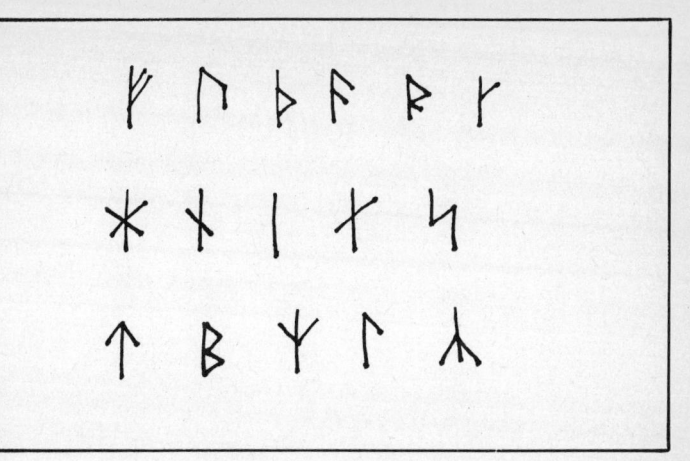

d)

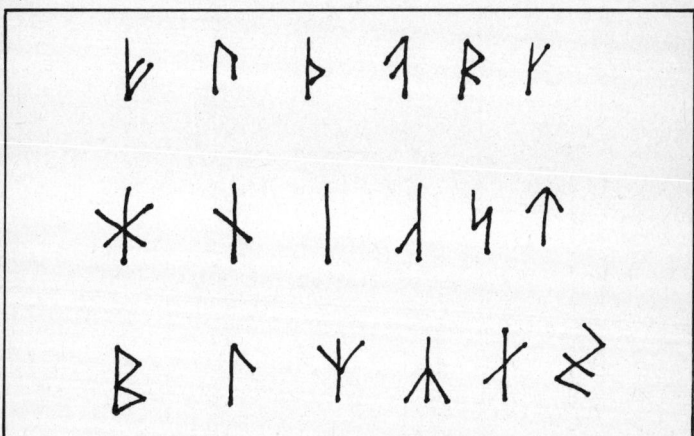

Abb. 1: Vier Futharks: a) das Ältere Futhark;
b) das Angelsächsische Futhark;
c) das Jüngere Futhark;
d) das 18er-System nach List u. a.

Über die Entstehung des Futhark gibt es, wie bereits erwähnt, verschiedene Theorien, wobei zwar einige davon in der Fachwelt heute als veraltet gelten, die akademische Runenforschung sich jedoch noch immer nicht ganz einig ist, für welche Theorie sie sich eindeutig entscheiden soll. Das Spektrum reicht dabei von der Erklärung, daß die Runen sich aus dem römischen (lateinischen) Alphabet entwickelt hätten über die Behauptung, sie seien eine eigenständige Entwicklung der altgermanischen Völker bis zu der These eines etruskischen Ursprungs. Auch eine „griechische These" wurde vorgeschlagen, derzufolge die Goten am Schwarzen Meer in Berührung mit der griechischen Kursivschrift gerieten und daraus die Runen entwickelten. Im Augenblick scheint allerdings die Mehrheit der Gelehrten die norditalische oder etruskische These zu bevorzugen.

Bei allem oben Gesagten werden die Runen zunächst nur als Bestandteile einer *Schreibschrift* betrachtet. Doch sich allein darauf zu beschränken wäre eine Verflachung ihrer Bedeutung. Tatsächlich zeigt der Gebrauch der Runen zu anderen als kultischen und magischen Zwecken wohl eine späte Form der Dekadenz, denn zunächst dienten sie ausschließlich dem Zauber und dem Zugang zur göttlichen Macht. Jede Rune stellte eine eigene Kraft dar, die der Runenkundige erfahren, zähmen und beispielsweise auf einen Gegenstand übertragen konnte, etwa um daraus ein Amulett oder einen Talisman zu machen.

Die Runen nur als Schreibschrift zu deuten ist so abwegig wie der Versuch, aus den 64 Trigrammen des chinesischen I Ging ein Alphabet zu bilden, mit dem wir unsere tägliche Einkaufsliste schreiben. Eine absurde Vorstellung? Und doch wurde mit den Runen bisher meistens so verfahren.

Aber was meinen die alten Mythen und Legenden zur Entstehung der Runen? Wie alle Sakralschriften der Menschheit sollen auch sie der Überlieferung zufolge göttlichen Ursprungs sein: Odin empfing sie als Vision, während er neun Tage und neun Nächte lang qualvoll am Baum hing. Im Lichte der heutigen Ethnologie/Anthropologie erscheint es sehr wahrscheinlich, daß es sich bei diesem Martyrium des Gottes tatsächlich um die Einweihung eines Schamanen handelte, zumal einiges dafür spricht, daß Odin ursprünglich eine historische Gestalt gewesen ist, die im Laufe der Zeit zum Gott erhoben wurde.

Demzufolge wären die Runen die Vision eines altgermanischen Schamanen oder Stammeszauberers, die intuitiv empfangen und danach weiterentwickelt wurden. Damit aber befinden sie sich in bester Gesellschaft, denn auf ähnlichen Visionen gründen sämtliche Weltreligionen und alle Magie überhaupt. Ob Moses' Offenbarung der Zehn Gebote, Mohammeds Empfang des Heiligen Koran oder Buddhas Erleuchtung — stets gibt es einen Religionsstifter, der in einem nichtalltäglichen Bewußtseinszustand Wissen empfing oder aktivierte, das sein eigenes Leben und das seiner Anhänger entscheidend verändern und prägen sollte.

Ebenso Odins Schau: Auch wenn sich der historische Urschamane, den man später als „Gott" Odin verehrte, im Dunkel der Urgeschichte verlieren mag, führte seine Vision doch zu einem eigenen Kult. Der Odinismus überlebte in manchen abgelegenen Teilen Nordeuropas auch die germanische Christianisierung bis in unsere Tage und ist heute besonders in Island sehr weit verbreitet. Das Christentum brauchte lange Zeit, bis es die Spuren der heidnischen altgermanischen Religion beseitigt hatte. Doch alte Kulte sterben mühsam, gänzlich auszurotten sind sie fast nie, und so hat es im Norden seit dem Mittelalter immer wieder starke Bestrebungen gegeben, den Odinismus — teils christlich verbrämt, teils unverhüllt neuheidnisch — wiederaufblühen zu lassen.

Die Runen aber sind zusammen mit den Erzählungen und Liedern der Edda das Haupterbe der altgermanischen Kulturen geworden. Noch heute zeigen sie sich in der Balkenanordnung zahlreicher alter Fachwerkhäuser, noch heute künden Sprachrelikte von ihrer einstigen Bedeutung, so wie beispielsweise die altgermanischen Götter Donar und Freya noch in unseren Wochentagen „Donnerstag" und „Freitag" lebendig sind. Das alte Julfest wird in vielen Gegenden immer noch regelmäßig gefeiert, und selbst altgermanische Bräuche wie der Austausch von Geschenken haben sich im christlichen Weihnachtsfest erhalten.

Ein nüchterner Beobachter kann angesichts dieser Tatsachen nur zu dem Schluß gelangen, daß die alten Götter und ihre Kräfte ganz so besiegt wohl doch noch nicht sein können, auch wenn sie weitgehend aus unserem Bewußtsein verschwunden sein mögen. Sicher aber ist, daß die Runen nichts von ihrem alten Zauber eingebüßt haben — und auch nichts von ihrer Macht. Denn dem, der heute mit ihnen arbeitet, offenbaren sie immer wieder ihre Geheimnisse, selbst inmitten der Betonsilos und in der abgasverseuchten Luft unserer Städte. In diesem Verständnis sind die Runen unsterblich und bleiben Verbindungstore zu einer Welt jenseits der gewöhnlichen Gesetze von Zeit und Raum, von Stirb und Werde, von Geburt, Tod und Wiedergeburt. Ihr göttlicher Ursprung ist mindestens insoweit „wahr", als sie zu etwas Größerem führen können, als wir selbst es sind.

Vielleicht ist in dieser Tatsache auch eine Antwort auf die Frage zu finden, wieso es zu einem Mißbrauch der Runen in jüngst vergangenen Zeiten kommen konnte. Eine der Gefahren des politischen und philosophischen Idealismus liegt darin, daß allzu hochgesteckte Ziele, allzu hehre Ideale und Absolutheiten den Menschen dazu bewegen können, sich selbst kleiner zu machen, als er in Wirklichkeit ist. So wird das Kollektiv wichtiger als der Einzelne, wird der Wille eines Führers „wahrer" als der seiner Gefolgsleute, kommt es zu der Haltung „Du bist nichts, Dein Volk ist alles". Angesichts der völligen Unerreichbarkeit absoluter Instanzen sieht sich der Mensch als winzig, verloren und schwach — und dies wird nur zu gern von jenen ausgenutzt, die darin ein Instrument der Machtausübung und des politischen Zynismus erkennen. Macht man die Menschen klein, nimmt man ihnen ihr Selbstwertgefühl — und sei es auch nur durch eine übertriebene, gemeinhin als „fromm" begrüßte Ehrfurcht gegenüber dem Göttlichen — so vertreibt man damit letzten Endes auch das Göttliche selbst und verletzt das Erbrecht der Menschen auf Freiheit, Selbstbestimmung und Glück. Runen lassen sich ebenso als Werkzeug der Unterdrückung gebrauchen wie das christliche Kreuz oder die Schwertsichel des Islam, wie die Padma des Buddhisten oder wie Hammer und Sichel der kommunistischen Parteien — alles Symbole der Befreiung des Menschen und doch so häufig nicht mehr als ein Vorwand, um dem Menschen noch mehr von seiner Freiheit zu rauben.

Auch die Runen wollen frei machen. Der mythische oder reale Odin hat für uns alle gelitten, hat sie für uns alle empfangen. Doch geschah dies nicht etwa im christlichen Sinne als Tat eines Messias oder Erlösers, eher entspricht es schon dem buddhistischen Prinzip: Als Beispiel, dem es nachzueifern gilt — bis der Runenkundige einst selbst zu Odin geworden ist. Ihr System ist traditionsreich, aber weder starr noch dogmatisch. Wie allen guten Analogiesystemen ist auch ihnen eine Flexibilität und Vielseitigkeit zu eigen, die sich letztendlich gegen jede mißbräuchliche Einengung durchsetzen muß, *weil sie diese einfach überleben*! Das heutige Runenbewußtsein der Menschen, das von Tag zu Tag immer stärker wird, ist ein lebendiges Beispiel dafür, daß dieser alte Strom des Wissens noch lange nicht versiegt ist und wohl auch nie versiegen wird.

Ob Sie zu metaphysischen Spekulationen neigen oder ein nüchterner Alltagsmensch und Realist sind, ob Sie an einen Gott oder gar an mehrere glauben, oder ob Sie den Atheismus vorziehen, ob Sie politisch rechts stehen, links oder neutral sind — stets haben die Runen Ihnen etwas zu bieten, wenn Sie nur bereit sind, sich ihrer Macht für eine Weile anzuvertrauen, ihrer Botschaft eine Weile lang zu lauschen.

Doch die Runen drängen sich niemandem auf — kein wahres Wissen tut das. Mag sein, daß Sie schon seit frühester Kindheit ihren leisen Ruf vernommen, daß Sie von ihnen geträumt oder sie in der Meditation geschaut haben, ohne bewußt darum zu bitten; es mag auch sein, daß Ihnen das Wissen der Runen wie etwas „schon immer Gewußtes" erscheint, wenn Sie endlich Zugang dazu bekommen haben. Vielleicht haben die Runen Sie auch einfach nur fasziniert, seit Sie das erstemal davon hörten. All dies sind milde Fingerzeige des Runenuniversums, doch niemals werden die Runen Sie in ihre Gewalt zwingen. Sollten Sie sich von ihnen überwältigt fühlen, was leicht geschehen kann (siehe auch die Warnung weiter unten), so sollten Sie sich stets vor Augen führen, daß es *Ihre eigene* Entscheidung war und bleibt, diesen Runenkosmos zu betreten, darin zu verharren oder ihn wieder zu verlassen.

Zum Schluß noch ein Wort der Warnung:

Hüten Sie sich davor, Ihre Runenerkenntnisse zu verabsolutieren. Was sonst geschehen kann, das haben zahllose „Runensekten" immer wieder vor Augen geführt: Antisemitismus, verlogene Deutschtümelei gekoppelt mit irrationalem Ausländerhaß, Kriegsgelüste und Suche nach „Lebensraum im Osten", Herrenmenschentum und so weiter.

Die Runen sind in dem Sinne „gefährlich", als sie vom Runenkundigen verlangen, daß er sich an ihre manchmal etwas herbe Energie langsam und behutsam akklimatisiert. Stellen Sie sich zur Veranschaulichung einmal vor, daß Sie von heute auf morgen aus dem vergleichsweise milden Mitteleuropa in die Tropen versetzt würden. Selbst wenn Sie alle Regeln beachten sollten, die durch eine solche Verpflanzung geboten sind (z. B. im Bereich der Hygiene und der Ernährung, durch Vermeidung übermäßiger Sonnenbestrahlung usw.), wird es einige Jahre dauern, bis sich Ihr Organismus an die veränderten Bedingungen angepaßt hat. Ihre innere, biologische Uhr ist eben nicht so schnell wie der Jet, der Sie ans Ziel gebracht hat. Und noch länger werden Sie in der Regel brauchen, bis Sie die, Ihnen bis dahin wahrscheinlich nicht vertraute Landessprache erlernt haben und sie in allen Nuancen beherrschen.

Ähnlich ist es mit den Runen. Auch ihr Reich verlangt nach Gewöhnung, nach „Akklimatisierung", auch ihre Sprache will erst erlernt werden. Üben Sie sich daher bitte ein wenig in Geduld und schlagen Sie nicht zu schnell über die Stränge. Vermeiden Sie es, in Ihren persönlichen Runenoffenbarungen mehr zu sehen als eben das, was sie sind: ganz persönliche Mitteilungen des Runenkosmos an Sie selbst. Wie das englische Sprichwort sagt: „Was für den einen Fleisch, ist für den anderen Gift." Es gibt eine unendliche Zahl persönlicher, individueller Wahrheiten, und es wäre fatal, die Runen dazu verwenden zu wollen, anderen Menschen mit ihrer Hilfe einmal mehr eine ihnen fremde Wahrheit aufzuzwingen. So etwas rächt sich immer bitter, es scheint fast so, als wohne den Runen ein innerer Zensur-

und Reinigungsmechanismus inne, der solche Übertreibungen aufs Schlimmste ahndet.

Das ist übrigens nicht dasselbe wie Moral oder Sündenkult, ganz im Gegenteil. Hier ist die Rede von einer rein *technischen* Eigenart des Runensystems, die weitab von allem liegt, was sich Menschen aus ihren provinziellen, kleinkarierten Moral- und Ethikbegriffen oft zusammenbasteln. Wohl können die Runen zu Schadenszaubern verwendet werden, kann der Vitki oder Runenmeister mit ihnen ebenso töten wie heilen. In diesem Punkt sind sie so neutral, wie es nur eine Instanz sein kann, die sich wahrhaftig jenseits der menschlichen Vorstellungen von Gut und Böse befindet. Doch sobald er versuchen sollte, sich an ihrem System selbst zu vergreifen, es bewußt zu verfälschen und anderen seine Verfälschungen aufzuzwingen, scheinen sie Zerstörungskräfte zu aktivieren, die sich unerbittlich gegen ihn selbst wenden. Schamanisch gesprochen: Wer seine eigene Vision verrät, den wird sie töten.

Und wenn Sie über diese Bemerkungen jetzt vielleicht noch ein bißchen spöttisch lächeln sollten, so denken Sie doch einmal kurz über das Schicksal jener nach, die die Runen für politische Machtkämpfe mißbrauchen und verfälschen wollten.

2

WEIHEHANDLUNG

Im letzten Kapitel wurde einiges behauptet: Die Runen, so hieß es sinngemäß, sind „Kontaktpunkte des Überpersönlichen". Sie stellen einen Kanal dar, durch den der Zugang zu Kräften und Mächten möglich wird, die sonst vielleicht auf immer verschlossen blieben.

Dies können Sie ganz konkret am eigenen Leib erfahren, indem Sie beispielsweise die Runen physisch *stellen und intonieren*, was später noch erklärt wird. Das hat den Vorteil, daß Sie einen körperlichen Zugang zu den Runenmächten bekommen, der viel enger mit Ihrem Unbewußten verbunden ist als Ihr rationaler Verstand. Damit erschließen sich Ihnen auf Dauer auch die nichtphysischen, geistigen Aspekte der Runen wesentlich leichter.

Der Begriff „Weihehandlung" umfaßt alle Runenarbeiten, die darauf abzielen, das Transpersonale, Überpersönliche, Transzendente oder wie immer Sie diesen Bereich nennen wollen, für den Runenkundigen zu erschließen. Das kann auf verschiedenste Weise geschehen, und in der Besprechung der einzelnen Runen am Ende dieses Werks erhalten Sie zahlreiche Tips für einen solchen Umgang mit den Runen.

ZUM AUFBAU DIESES BUCHES

Jede der Betrachtungen der einzelnen Runen gliedert sich in folgende Abschnitte:

Die Runenform

Hier wird der Runenstab in seiner gängigsten Form vorgestellt, ohne Sie jedoch mit zahllosen Varianten der Runenformen zu überfluten, da andere Werke dieses Thema bereits hinreichend abgehandelt haben. (Vgl. dazu besonders die im Literaturteil aufgeführten Bücher von Edred Thorsson.) Gleichzeitig steht unter der Runenabbildung der gängige *Name* der Rune.

Das Bild

Das Runenbild stellt eine Assoziationshilfe dar, um sich die Form der Runen zugleich leichter merken und auch ihre mögliche Entstehung begreifen zu können. Mit anderen Worten: Die einzelnen Runen werden als stilisierte Darstellungen der jeweiligen Bilder begriffen. Dabei ist es für die praktische Arbeit unerheblich, ob dies „tatsächlich" ihrer Entstehung entspricht oder nicht. Die Hauptsache ist, daß das Unbewußte mit dem Stab auch Bilder assoziiert, da es dann erfahrungsgemäß eher dazu bereit ist, mit diesen Symbolen zu arbeiten. Prägen Sie sich also die Bilder zusammen mit der Runenform gut ein.

Stichworte

Hier werden – wiederum als Assoziationshilfe – einige Stichworte zur jeweiligen Rune gegeben, die sowohl aus der exoterischen als auch aus der esoterischen Runenüberlieferung stammen. Über diese Begriffe können Sie meditieren, während Sie die Runenform betrachten, und Sie können Sie im Lauf Ihrer praktischen Arbeit auch durch eigene Stichworte ergänzen oder abändern.

Der Runenvers

Bei den Runenversen handelt es sich unter anderem um Zitate aus der nordischen Runendichtung (meist aus der Edda), die den entsprechenden Runen zugeordnet werden. Darin tauchen gelegentlich Begriffe auf, mit denen Sie vielleicht nicht vertraut sind. Sie werden auch nicht erklärt, und das ist Absicht. Die Praxis hat gezeigt, daß gerade dem Anfänger etwas „dunklere", wenig verständliche Verse den Zugang zu den Runen erheblich erleichtern. Psychologisch gesprochen: Dadurch, daß die Runen ihren geheimnisvollen Nimbus bewahren, faszinieren sie das Unbewußte besonders und machen es bereit, sich für Weisheit und Macht der Runen zu öffnen. (Zum Vergleich könnte man das Lateinische als Sakralsprache anführen, wie es bis zum zweiten Konzil innerhalb der katholischen Kirche üblich war: Gerade dadurch, daß die meisten Gläubigen *nicht* jedes Wort genau verstanden, wirkten diese Weihehandlungen um so stärker. Aus magiepsychologischer Sicht war es also ein Fehler, das Lateinische in der Messe abzuschaffen und es durch die Profansprache zu ersetzen.) Dann wird das Unbewußte auch mit diesen Bildern spielen und sie kreativ in oft „blitzartige" Erkenntnisse umsetzen.

Selbstverständlich kann es geschehen, daß die Runenverse Ihr Interesse an nordischer Mythologie wecken und Sie einigen Dingen persönlich nachgehen und sie erforschen wollen. Dagegen ist selbstverständlich nichts einzuwenden, denn auf diese Weise erhalten diese Texte für Sie eine neue, zusätzliche Wissensdimension, mit der sie den tiefenpsychologischen „Nachteil der neugewonnenen Verständlichkeit" mehr als wettmachen.

Weihehandlung

Hier folgt als erstes eine *Frage*, über die Sie meditieren können, ebenso ein Rat für den weiteren Umgang mit den Runen und ihre Integration in Ihr Leben. Des weiteren lesen Sie, wie Sie die

Rune praktisch nutzen können, um damit eine echte Weihehandlung durchzuführen. Selbstverständlich können Sie auch diese Rubrik selbst ergänzen oder abändern, wenn Ihnen Ihre praktische Erfahrung mit der Runenarbeit dies nahelegen sollte.

Wie bereits erwähnt, wird im praktischen Teil die Duform verwendet, da dies erfahrungsgemäß stärker dem Unbewußten entspricht, es unmittelbarer „anspricht".

Weissagung

Wenn Sie die Runen als Werkzeug der Weissagung verwenden wollen, dient Ihnen dieser Abschnitt als Deutungshilfe. Die Aussage gipfelt im *Runenrat*, der Ihnen eine Entscheidungshilfe nach der Befragung des Runenorakels sein soll. Näheres zum Gebrauch des Runenorakels finden Sie im nächsten Kapitel.

Runenmagie

Das Wort „Magie" ist für viele Menschen noch immer ein rotes Tuch, dabei bedeutet es nichts anderes als bewußte Schicksalslenkung im Einklang mit dem eigenen wahren Willen. Schon immer wurden die Runen zu magischen Zwecken verwendet, und dies soll auch hier so sein.

Dieser Abschnitt unterteilt sich in drei Gebiete, *Schutzmagie*, *Heilungsmagie* und *Talismantik*. Praktische Hinweise zur Runenmagie erhalten Sie im übernächsten Kapitel. Die dort angeführten Übungen und Praktiken können Sie nach Belieben zu runenmagischen Zwecken verwenden. Ebenso können Sie natürlich, entsprechende magische Erfahrung vorausgesetzt, weitere runenmagische Operationen aus dem Gesagten ableiten und durchführen.

Darauf folgt eine kurze Zusammenfassung der Rune, die zugleich für das praktische Alltagsleben Hinweise enthält, wie die Rune sie nahelegt.

Am Schluß finden Sie dann noch eine Affirmation zur entsprechenden Rune, die Sie nach Belieben laut oder leise aussprechen und sich dadurch vergegenwärtigen können; am besten führen Sie dies über einen längeren Zeitraum hin mehrmals täglich aus. Auch diese Affirmation zielt meistens auf eine Weihehandlung ab, durch die Sie Ihren geistigen und spirituellen Horizont erweitern können.

All dies macht die Runen zu einem Instrument echter Lebenshilfe, bringt sie auf der Ebene des praktischen Handelns nahe. So verlieren sie etwas von ihrer Abstraktheit und Fremdartigkeit, während sie doch noch genug von ihrer magisch-mystischen Symbolik und Faszination beibehalten, um auch auf der subtilen, feinstofflichen Ebene wirken zu können.

Nutzen Sie diese Möglichkeiten ausgiebig, aber finden Sie dabei auch zu Ihrem eigenen Tempo. Dieses Buch will Ihnen Vorgehenshilfen anbieten, *ohne* Sie zu bevormunden. Jeder Mensch ist anders, und die Herstellung des Kontakts zu den Runen ist eine sehr persönliche Angelegenheit, die sich nur schwer in starre Vorgehensregeln pressen läßt. Überfordern Sie sich nicht, lassen Sie sich so viel Zeit, wie Sie brauchen, denn es wäre falsch, etwas forcieren zu wollen. Wie alle esoterischen Disziplinen will auch die Runenarbeit mit Sorgfalt und Respekt angegangen sein. Wer den Runen mit Offenheit, Humor und Lockerheit begegnet, ohne verkrampftes Leistungsdenken und verbissenen Ernst, dem werden sie auf spielerische Weise ihre Geheimnisse offenbaren und dabei helfen, zu einem erfüllten, selbstbestimmten und wahrhaft freien Leben zu finden.

3

WEISSAGUNG

Weissagung ist nicht nur Zukunftsschau! Dieser Hinweis ist wichtig, weil Runenorakel (wie andere divinatorische Disziplinen übrigens auch) nur zu oft mit billiger Kartenschlägerei und „Prophezeiungen" vom Schlage eines Satzes wie „Ja, morgen werden Sie einen Verkehrsunfall haben − wenn Sie nicht vorsichtig sind und im Bett bleiben" in einen Topf geworfen werden.

„Runen raunen rechten Rat" heißt es in den alten Schriften, und schon immer wurde das sogenannte „Runenwerfen" als Mittel der Ratfindung verwendet. Da sie nicht nur Symbole der Schicksalsmächte sein sollen, sondern *unmittelbare Vertreter dieser selbst*, heißt mit Runen umzugehen gleichzeitig, mit den Kräften zu hantieren, die unser Leben bestimmen, es hervorbringen, leiten − und es beenden.

Alle guten Orakelsysteme bieten vor allem eine Trendanalyse der Gegenwart. Das hat man früher zwar anders ausgedrückt, das Grundprinzip jedoch ist stets gleich geblieben. Das Leben ist unendlich vielseitig, alles steht mit allem in Verbindung, alles beeinflußt alles andere. Daher ist es zugleich durchaus möglich, aber auch ungeheuer schwierig, die „Zukunft" vorauszusehen. Denn einerseits läßt eine gründliche Trendanalyse fundierte Schlüsse auf zukünftige Entwicklungen zu, die sich auch sehr häufig tatsächlich bewahrheiten, andererseits aber ist die Zahl der Einflußfaktoren schier unbegrenzt, so daß schon die winzigste Verschiebung schwerwiegende, praktisch unvorhersehbare Folgen haben kann.

Man ist gut beraten, die Runen zunächst einmal zu benutzen, um sich Klarheit über das eigene gegenwärtige So-Sein zu verschaffen. Alle Zukunft wurzelt in der Gegenwart, und so ist es sinnvoller, diese in ihrer ganzen Spannbreite zu erfassen, als kurzsichtig und sensationslüstern auf die Vorhersage und das Erkennen konkreter Zukunftsereignisse zu schauen. Zudem bedarf eine solche Zukunftsschau einiger Erfahrung, es sei denn, daß Sie ein divinatorisches Naturtalent sind, dann gelten für Sie ohnehin völlig andere Gesetze und Sie benötigen diese Erklärungen nicht. Die meisten Menschen jedoch spähen nur selten und meist völlig unwillkürlich hinter den Schleier, der den Blick in die Zukunft verhüllt. Die für eine regelmäßige Zukunftsschau nötige Sensitivität läßt sich aber schulen, und so kann es durchaus geschehen, daß Sie schon nach wenigen Jahren oder gar Monaten regelmäßiger Praxis eine entsprechende, neue Feinfühligkeit an sich entdecken, die Sie vorher vielleicht niemals für möglich gehalten hätten.

Prägen Sie sich daher bitte vor jeder Befragung des Runenorakels folgenden Leitsatz ein:

**DER WEG IN DIE ZUKUNFT
FÜHRT DURCH DIE GEGENWART!**

FRAGEN UND ANTWORTEN

Als nächstes geht es um den praktischen Umgang mit den Runen als Orakelmethode. Dabei sollten Sie einige Regeln beherzigen, um zu optimalen Ergebnissen zu gelangen. Diese Regeln sind unten schlagwortartig aufgeführt, sie werden auch gleich erläutert.

Keine Ja-oder-Nein-Fragen

Runen sind Symbole, also Bilder, daher können sie auch nur auf Fragen antworten, die tatsächlich mit Bildern zu beantworten sind. Stellen Sie also keine Fragen, die nur ein „Ja" oder ein „Nein" zulassen, z. B.: „Wird mein Vorhaben gelingen?" Fragen Sie statt dessen etwa: „Wie wird mein Vorhaben verlaufen?" Noch besser wäre allerdings die Frage: „Wie steht es um mein Vorhaben?" (= Gegenwartsanalyse!)
  Auch mit Bildern kann man zu sehr eindeutigen Aussagen gelangen, sofern man erst den richtigen „Trick" heraushat – das verlangt nur ein wenig Übung.

Keine Suggestivfragen

Eine große, aber gefährliche Versuchung ist es, Fragen zu stellen, die ihre eigene Antwort bereits vorwegnehmen. Z. B.: „Wann werde ich im Lotto gewinnen?", „Wann finde ich endlich den begehrten Liebespartner?" usw. So formuliert, behauptet die Frage ja, daß das gewünschte Ereignis tatsächlich eintreffen wird, es geht nur noch um den „richtigen" Zeitpunkt – das aber ist eine Selbsttäuschung. Damit nehmen Sie dem Runenorakel nämlich jede Chance, Sie zu korrigieren und Ihnen klar zu machen, daß Ihnen das Gewünschte möglicherweise überhaupt nicht bevorsteht und daß Sie Ihre Energien lieber auf etwas Konstruktiveres, Erfolgversprechenderes richten sollten. Statt dessen können Sie aber Fragen stellen wie folgende: „Wie wird es, wenn ich morgen Lotto spiele?"; „Wie stehen meine Chancen, einen Liebespartner zu bekommen?" oder, noch besser: „Warum habe ich Probleme, einen Liebespartner zu finden?"

Keine vagen Fragen

Vermeiden Sie Fragen, die allzu vage sind, z. B.: „Wie werde ich glücklich?" Solche Äußerungen sind viel zu unscharf, um eindeutige, präzise Antworten zu erlauben. Meistens zeigen sie im Grunde an, daß der Fragende selbst nicht so genau weiß, worum es ihm eigentlich geht. Stellen Sie in diesem Beispiel lieber erst fest, was „Glück" für Sie konkret bedeutet, vermeiden Sie Schlagworte und Klischees.

Keine überpräzisierten Fragen

Andererseits hat es auch keinen Zweck, überdefinierte Fragen zu stellen wie: „Was wird am 19. 3. um 17.44 in der Hauptstraße 123 im 3. Stock passieren?" Das klingt zwar sehr unvage und konkret, führt aber meistens zu nichts, da den Symbolen eine gewisse notwendige Unschärfe eignet, ohne die sie zur Weissagung völlig unfähig wären. Auch auf Fragen wie: „Wer hat gestern bei mir zu Hause eingebrochen?" werden Sie von den Runen kaum jemals eine befriedigende Antwort erhalten.

Im eigenen Erfahrungsbereich bleiben

Es gibt eine Vielzahl von Menschen, die nicht erkennen wollen, daß auch Orakel nicht allwissend sind: Vom Wichtigtuer, der sich mit seinen „kosmischen Offenbarungen" aufspielen und zum hunderttausendsten Mal einen Weltuntergang prophezeien muß, bis zum ehrlich besorgten Zeitgenossen, der gern erfahren würde, wie es mit der Weltpolitik weitergehen soll oder welche Formen die Umweltverschmutzung noch annehmen wird. Auch „Katastrophenfragen" sind sehr beliebt, etwa: „Was können wir tun, um die kommende Weltkatastrophe zu vermeiden?" (Diese Formulierung scheidet natürlich bereits aus, weil es sich dabei um eine Suggestivfrage handelt.)

Die Runen sind zwar mächtig, aber auch nicht allmächtig. Und selbst wenn sie es wären, wäre es uns Menschen doch fast immer unmöglich, ihre Allmacht tatsächlich richtig zu handhaben. Konzentrieren Sie sich bei Ihren Orakelfragen auf Ihren persönlichen Erfahrungsbereich. Wenn Sie nichts vom Weltbörsengeschehen verstehen, werden Sie auf einschlägige Fragen meist nur unsinnige Antworten erhalten. Anders ein Börsenmakler, dessen Unbewußtes durch seine ständige Beschäftigung mit dem Thema viel verwurzelter darin ist. (Dafür versteht er aber vielleicht auch nicht so viel von Maschinenbau oder Kräuteranbau wie Sie.)

Fragen, die den eigenen geistigen Wirkungs- und Erfahrungshorizont allzu weit übersteigen, sollte man möglichst nicht stellen. Das gilt übrigens auch für Fragen, die den gängigen Zeitrahmen sprengen, etwa: „Wo werde ich in 25 Jahren spirituell stehen?" oder „Wie sieht es politisch in 10 Jahren im Land X aus?" Das alte Wort vom Schuster, der bei seinem Leisten bleiben soll, gilt sinngemäß auch für das Runenorakel.

„Führe das Orakel
nie in Versuchung!"

Gern versucht gerade der Anfänger häufig, eine bestimmte Orakelantwort zu erzwingen, indem er es nach einer unbefriedigenden Antwort einfach noch einmal dasselbe fragt. Auch sogenannte „Skeptiker" gefallen sich gern in der Pose des nie zu Überzeugenden und versuchen, das Orakel dadurch zu „entlarven", daß sie sofort nach der ersten Frage diese wiederholen und damit rechnen, daß sie nun eine völlig andere Antwort erhalten. Obwohl es oft genug vorkommt, daß das Runenorakel ihnen dann tatsächlich noch einmal dieselbe Antwort gibt, z. B. also dieselbe Rune geworfen wird, sollte dies eher als ernste Warnung denn als Belustigung aufgefaßt werden.

Jedes Orakel fordert vom Befrager zu Recht einen gewissen Respekt. Wird ihm dieser verweigert, gibt es in Zukunft nur noch ungenaue oder falsche Antworten. Es gibt zahlreiche Orakelnehmer, die sich auf solche Weise für alle Zeiten den Zugang zur Weissagung versperrt haben, günstigstenfalls dauert es nur einige Jahre, bis das Runenorakel wieder bereit ist, zu ihnen zu „sprechen". Das Argument, daß eine andere Rune als gegebene Antwort auf dieselbe Frage den Wert des Orakels widerlegen würde, geht am Kern der Sache vorbei. Denn tatsächlich wird niemals zweimal *dieselbe* Frage gestellt. Bis zum zweiten Mal hat sich die Erde ein Stück weitergedreht, die Zeitqualität hat sich verändert, inzwischen sind wieder einige Körperzellen im Fragenden abgestorben, er atmet nicht mehr dieselbe Luft − jeder Augenblick ist einmalig und unwiederbringbar, und es wäre falsch, ihn auf solche Weise, gewissermaßen durch die „Hintertür", festhalten zu wollen. (Vgl. auch den Pakt, den Goethes Faust mit Mephistopheles eingeht: *„Werd' ich zum Augenblicke sagen:/Verweile doch! Du bist so schön!/Dann magst du mich in Fesseln schlagen,/Dann will ich gern zugrunde geh'n!"*)

Es ist also albern, kindisch und unter Umständen sogar (wegen der späteren Irreführung durch das Orakel) gefährlich, das Runenorakel derart in Versuchung zu führen. Nehmen Sie die Antwort lieber hin und versuchen Sie, sie richtig zu deuten und das Beste aus der Aussage zu machen.

Selbstverständlich dürfen Sie Fragen, auf die Sie nur ungenaue oder unverständliche Antworten erhalten haben, genauer umreißen, beziehungsweise sich mit mehreren Einzelfragen nach verschiedenen Teilbereichen erkundigen.

Wenn Sie diese Ratschläge beherzigen, werden Sie sich einige unnötige Enttäuschungen ersparen und dafür in den vollen Genuß des Runenorakels gelangen.

Beachten Sie bitte auch, daß eingangs von einer *Trendanalyse* gesprochen wurde und nicht etwa von einem unabwendbaren Schicksalsspruch! Mancher mißbraucht die Orakel dazu, seine geheimen und weniger geheimen Wünsche und Ängste in sie hineinzuprojizieren. Wie jede Runenarbeit will die Orakelbefragung *freimachen,* Entscheidungshilfe bieten, Zusatzinformationen zur Verfügung stellen. Auf keinen Fall will sie den Menschen in Angst und Schrecken versetzen, bis er, gelähmt und zitternd, völlig apathisch wird und sich mutlos seinem vermeintlichen „Schicksal" hingibt.

Begreifen Sie das Runenorakel vielmehr als große *Chance,* Einflußfaktoren zu erkennen, die Ihnen sonst vielleicht verborgen blieben — um aufgrund dieses Wissens zu neuen, brauchbaren Entscheidungen zu kommen!

**HILF DIR SELBST —
DANN HELFEN DIR
DIE GÖTTER!**

ORAKELTECHNIKEN

Wir wissen nur sehr wenig darüber, auf welche Weise unsere Vorfahren die Runen tatsächlich befragt haben, um zu ihren Lebensentscheidungen zu finden. Bekannt aber ist, daß Runen sehr häufig „geworfen" wurden. Aus ihrer Anordnung wurden dann die Antworten herausgelesen.

Die esoterische Runenkunde hat seither zahlreiche Techniken der Orakelbefragung entwickelt (oder wiederentdeckt), von denen Ihnen hier einige zur Auswahl angeboten werden.

Das Runenziehen

Dies ist vielleicht die einfachste Orakeltechnik: Der Orakelnehmer konzentriert sich intensiv auf seine Frage, bis er an nichts anderes mehr denkt. Dann greift er in einen Beutel mit Runenstäben oder -steinen und entnimmt ihm eine Rune. Diese wird dann gedeutet. Hinweise für eine solche Deutung finden Sie, wie schon erwähnt, im letzten Kapitel bei der Behandlung der Runen im einzelnen.

Das Runenwerfen

Obwohl wir nicht mehr genau wissen, wie die altgermanischen Völker das Runenwerfen praktizierten, gibt es doch Möglichkeiten, von anderen uralten, noch heute gängigen Wurfmethoden fundierte Rückschlüsse auf die Durchführung des Runenwerfens zu ziehen. Zwei Methoden werden hier vorgestellt. Für beide Vorgehensweisen benötigt der Runenwerfer oder die Runenwerferin ein weißes Tuch, das auf dem Boden ausgelegt wird, eventuell auf einer weichen Unterlage.
a) Der Orakelnehmer sitzt mit dem Gesicht nach Norden vor

dem Tuch. Nach einer intensiven Konzentration auf die Frage werden die Runensteine mit geschlossenen Augen auf das Tuch geworfen. Der Runenstein, der am weitesten in den Norden fällt, wird als Antwortrune gewertet. Fallen mehrere Runen gleich weit, werden sie zusammen gedeutet.

b) Nach einer intensiven Konzentration auf die Frage werden die Runensteine mit geschlossenen Augen auf das Tuch geworfen. Ebenfalls mit geschlossenen Augen wird nun eine ungerade Anzahl Runen (eine, drei, fünf oder sieben) gezogen und nebeneinander ausgelegt. Nun wird gedeutet, wobei die Kombination der Steine und ihre Reihenfolge die in Frage stehende Angelegenheit, nach der gefragt wurde, genauer beleuchtet.

Bei beiden Methoden ist zu beachten, daß es von Bedeutung ist, ob die Runen aufrecht oder verkehrt herum fallen, bzw. so gezogen werden. Aufrechte Runen haben eine überwiegend „positive", umgekehrte Runen eine überwiegend „negative" Bedeutung. Auch dies sollte allerdings nicht zu pauschal und klischeehaft verstanden werden. „Positiv" kann „die Sache/das Anliegen fördernd" bedeuten, es kann aber auch anzeigen, daß bestehende Hindernisse bei entsprechender Arbeit überwunden werden können — besagt also noch lange nicht, daß es überhaupt keine Hindernisse gäbe! Andererseits kann „negativ" zwar „die Sache/das Anliegen hemmend" bedeuten, es kann aber auch ein Fingerzeig auf Probleme und Hindernisse sein, die sich wohl überwinden lassen, bisher aber noch nicht erkannt oder richtig eingeschätzt wurden.

Das Zeitachsenorakel

Die Runen für dieses Orakel können Sie nach Belieben entweder ziehen oder werfen. Es werden zu Anfang immer drei Runen verwendet. Die linke zeigt die Vergangenheit an, die mittlere die Gegenwart, die dritte schließlich die Zukunft der Angelegenheit, um die sich die Frage dreht (s. Abbildung 2).

Das hat den Vorteil, daß Sie zahlreiche Informationen über Ihr Anliegen erhalten, die sich zudem zeitlich einordnen lassen.

So können Sie den etwas abstrakten Begriff „Vergangenheit" auch umformulieren, beispielsweise so: „Was hat zur gegenwärtigen Situation geführt?" Die „Gegenwart" wird dann folgendermaßen präzisiert: „Wie sieht es im Augenblick mit der fraglichen Angelegenheit aus?" Und die „Zukunft" wird zu der Frage: „Welche Entwicklungen sind im Augenblick für die Zukunft angezeigt, vorausgesetzt, daß sich nichts Entscheidendes ändert?" (Man könnte auch etwas knapper fragen: „Wie wird sich die Sache entwickeln, wenn ich nichts ändere?")

VERGANGEN-HEIT	GEGENWART	ZUKUNFT

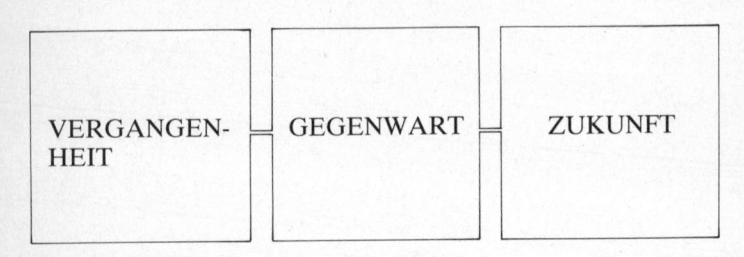

Abb. 2: Das Zeitachsenorakel (Grundform)

Sollten Sie noch mehr Informationen zu einem bestimmten Bereich wünschen, können Sie weitere Runen ziehen oder werfen, wobei Sie sich dabei immer darauf konzentrieren, über welchen Bereich die Steine oder Stäbe eine Aussage machen sollen. So könnte es beispielsweise vorkommen, daß Sie noch Näheres über bestimmte Tendenzen der Gegenwart wissen wollen. In diesem Fall würden Sie eine vierte Rune ziehen oder werfen, die als „Gegenwartsauskunft Nr. 2" gilt. Diese wirft vielleicht eine neue Frage über die Zukunft auf, so daß Sie noch eine Rune „Zukunftsauskunft Nr. 2" ermitteln. Dann würde Ihr Orakel aussehen wie in Abbildung 3 wiedergegeben.

Theoretisch könnten Sie auf diese Weise endlos fortfahren, doch ist es nicht sinnvoll, mehr als ca. 5—9 Runen deuten zu wollen. Gerade am Anfang sollte man sich auf 1—3 Runen beschränken, da die Aussagevielfalt sonst leicht zur Verwirrung führt.

Selbstverständlich können Sie auch mit anderen Lege- und Deutungssystemen experimentieren, wenn Sie z. B. bereits häufiger mit dem Tarot gearbeitet und dabei mit einem bestimmten

System immer zufriedenstellende Erfolge erzielt haben. Ihrer Phantasie und Experimentierfreudigkeit sind also keine Grenzen gesetzt!

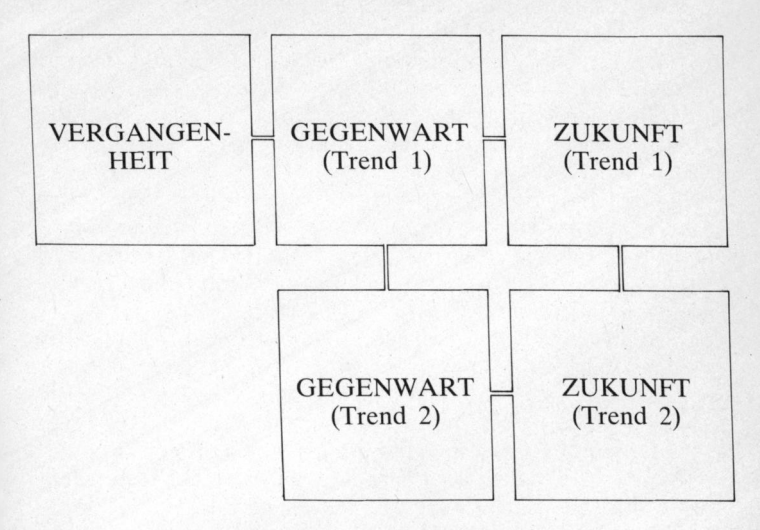

Abb. 3: Das Zeitachsenorakel (Erweiterte Form)

HINWEISE
FÜR DIE ORAKELDEUTUNG

Nachdem Sie die Runen gezogen oder geworfen haben, sollten Sie sich eine Weile entspannen, möglichst nicht an Ihre Frage denken und die Symbole in aller Ruhe auf sich einwirken lassen. Durch diese „weiche" Vorgehensweise vermeiden Sie es nämlich, den Runen allzu verkrampft und begierig ihr Geheimnis entlocken zu wollen – das führt meistens nur zu Fehldeutungen. Das Unbewußte, aus dessen Tiefen die eigentliche Antwort emporsteigen wird, möchte respektvoll und sanft behandelt werden, dann haben Sie in ihm Ihren besten Freund.

Lesen Sie als nächstes die Texte zu den entsprechenden Runen im letzten Kapitel dieses Buches. Lassen Sie die einzelnen Abschnitte auf sich wirken. Natürlich können Sie bei der reinen Weissagung den Teil über die Runenmagie vernachlässigen, es sei denn, daß Ihre Frage sich um dieses Thema dreht. Die anderen Passagen sollten Sie aber ausnahmslos lesen und nach jedem Abschnitt wieder eine kleine Besinnungspause einlegen. Möchten Sie Ihren Kontakt zum Transpersonalen/Transzendenten vertiefen, können Sie später auch die Vorschläge zum Bereich „Weihehandlung" befolgen. Im Abschnitt „Weissagung" finden Sie die eigentliche Antwort auf Ihre Frage. Allerdings stellt jede Rune einen ganzen Komplex von Aussagen dar, deshalb ist es hilfreich, auch die anderen Informationen mit einzubeziehen.

Seien Sie stets selbstkritisch und vermeiden Sie jede Wunschprojektion. Am besten ist dabei ein geistiger Zustand von „Nichtverhaftet sein/Nichtdesinteresse", bei dem Sie nicht begierig nur nach einer bestimmten, günstigen Antwort Ausschau halten, sondern offen und ehrlich die erhaltene Aussage annehmen und auswerten, sich zugleich bei aller inneren Gelassenheit und Unberührtheit aber auch so viel ernsthafte Mühe geben wie nötig ist, um zu einer überzeugenden Deutung zu gelangen.

Es kann sein, daß Ihnen dies am Anfang ein wenig schwerfällt, doch werden Sie schon nach kurzem Üben merken, worauf es dabei tatsächlich ankommt.

Beginnen Sie möglichst mit einfachen, überschaubaren Fragen, und heben Sie sich die komplizierteren Anliegen für später auf, wenn Sie bereits über genügend Erfahrung verfügen und Ihnen die meisten Runenbedeutungen bereits geläufig sind.

Befragen Sie das Runenorakel niemals in einem Zustand großer seelischer Aufregung oder Verzweiflung!

Früher war es Weissagern und Weissagerinnen sogar verboten, ihre Orakel bei Gewitter, Regen oder stark bewölktem Himmel zu befragen, was sich durchaus biologisch-physiologisch erklären läßt, da der menschliche Organismus dann oft unter innerer „Hochspannung" steht, und der Geist der Forderung nach dem Nichtverhaftet sein nur mit Mühe entsprechen kann – wenn überhaupt. Sollten Sie stark wetterfühlig sein, werden Sie wissen, was damit gemeint ist. Dann gilt dieses Verbot allerdings wahrscheinlich auch für Sie! Stellen Sie durch eigene Erfahrung fest, welche Zeiten (z. B. Mondphasen, Tageszeiten usw.) für Sie am besten geeignet sind und bei welchen Gelegenheiten Ihnen die Orakelbefragung nur schwer gelingt. Setzen Sie sich auf keinen Fall unter Erfolgsdruck. Lockerheit und Heiterkeit sind zwar im Umgang mit dem Runenorakel angebracht, aber machen Sie kein Gesellschaftsspiel daraus, da dies zum Verlust Ihrer natürlichen Fähigkeit führt, das Orakel korrekt zu handhaben und zu deuten.

Sie können die Runen sowohl für sich allein als auch für andere befragen. Im zweiten Fall sollte entweder der Fragende selbst die Runen ziehen oder werfen, oder Sie konzentrieren sich mit ihm zusammen auf sein Anliegen und tun es für ihn. Letzteres wird vor allem von Runenmagiern vorgezogen, die ihre Runen niemals von einem anderen Menschen berühren lassen, nachdem sie erst einmal geweiht wurden. Sollten auch Sie Ihre Runensteine rituell weihen wollen, so finden Sie entsprechende Hinweise dazu im nächsten Kapitel.

Sie können das Runenorakel auf rein psychologischer Ebene erschließen und werden damit großartige Erfolge erzielen. In dieser Angehensweise stellen die Runen die Verkörperung archetypischer Urkräfte der Seele dar, einen symbolischen und symbol-logischen Zugang zum Unbewußten, das so viel wissender und weiser ist als unser rationales Bewußtsein. (Wobei sich letzteres dafür um so mehr im Alltag aufspielt!)

Sie können aber auch tiefer in die nordische Götter- und Mythenwelt eintauchen und das Orakel auf dieser Grundlage im kultischen Rahmen bearbeiten. Dann empfehle ich Ihnen die weiterführende Literatur im Anhang und die dort angegebene Kontaktadresse der „Runengilde" des amerikanischen Runenmeisters Edred Thorsson, von der Sie zusätzliche Informationen erhalten können. Ich selbst bin zwar nicht Mitglied der Runengilde, fühle mich ihr und ihrem Leiter aber freundschaftlich verbunden.

Dieses Buch kann Ihnen nur einen kleinen Überblick über die Welt der Runenmächte geben, eine erste praktische Einführung, mit der Sie allerdings schon außerordentlich weit kommen können. Es bleibt letztlich eine Frage der Veranlagung, für welchen Weg Sie sich entscheiden. Eher religiös-kultisch gesinnte Menschen werden wohl den rituellen Rahmen bevorzugen, andere werden sich dafür im psychologischen Ansatz stärker zu Hause fühlen. Vom pragmatischen Standpunkt aus sind beide Wege gleichwertig, solange sie zum jeweils gewünschten Ergebnis führen.

4

RUNENMAGIE

WAS IST RUNENMAGIE?

Das Wort „Magie" hat für viele Menschen etwas Unheimliches, ja geradezu Böses an sich. Jahrhunderte der systematischen Verfolgung von Heiden (auch der alten Runenmeister) und Hexen, von Ketzern und Andersdenkenden aller Art haben tiefe Narben hinterlassen. Die Magier haben nicht selten selbst dazu beigetragen, ihr Negativimage zu erhalten, da sich vor allem die kommerziell Gesinnten unter ihnen Vorteile davon erhofften. Denn nirgendwo ist ein schlechter Ruf so gut für das Geschäft wie in der modernen Magie! Es ist daher nicht überraschend, daß besonders Esoteriker in Scharen einen großen Bogen um die Magie machen. Das beruht jedoch überwiegend auf einem Vorurteil − und auf Unkenntnis. Denn tatsächlich betreiben die allermeisten Menschen, ohne es zu wissen, im Alltag „Magie" in der einen oder anderen Form. Nicht die Magie selbst ist „gut" oder „böse", es ist stets nur der Zauberer, der sie zu konstruktiven oder destruktiven Zwecken einsetzt.

Aus der Forschung ist bekannt, daß der Runenmagier oder „Vitki" bei den nordischen, altgermanischen Völkern eine große Rolle gespielt hat. Er hatte die Funktion eines Schamanen, war also Priester, Seelsorger, Arzt und Psychiater in einem. Da er Zugang zu den Runenmächten hatte, stellte er seine Fähigkeiten in den Dienst der Gemeinschaft (des Stammes), arbeitete aber auch für Einzelne, um ihnen bei der Bewältigung ihres Lebens zu helfen. Zu seinen Aufgaben gehörten unter anderem die Förderung der Fruchtbarkeit sowohl des Landes als auch der Tiere und natürlich der Menschen selbst; der Schutz der Gemeinschaft vor Krankheiten, Seuchen und Naturkatastrophen; die Unterstützung der Kampfkraft der Krieger bei bewaffneten Konflikten mit anderen Stämmen; die Befragung der Runen zur Entwicklung geeigneter Strategien und Taktiken im Rahmen solcher Konflikte; die Behandlung und Heilung erkrankter Stammesmitglieder; die Herstellung und Ladung von Talismanen, Amuletten und anderen magischen Gegenständen usw.

Dabei wurde mit zum Teil recht komplizierten Runenformeln gearbeitet, die bis heute noch nicht alle entziffert werden konnten. Das Runenwissen oder, in älterer Ausdrucksweise, das „Runenweistum" war eine sehr umfangreiche Disziplin, die jahrelanges Studium und persönliche Unterweisung durch den Runenlehrer erforderte, und so leuchtet es ein, daß dieses Gebiet hier nur kurz angesprochen werden kann.

Ziel der Runenmagie ist es jedenfalls, dem Menschen dabei zu helfen, Lebens- und Schicksalsprobleme zu meistern und zum Herrn seines eigenen Seins zu werden. Zudem will sie dem Vitki das Wissen um das Wirken kosmischer oder psychischer Mächte erschließen, damit er zu etwas Größerem werde, als er zu Anfang seiner Lehre war. Runenmagie schult den *ganzheitlichen* Menschen, indem sie ihn auf *allen* Ebenen weiterentwickelt: auf der körperlichen, der geistigen und der seelischen.

Wenn Sie sich nur für die Weihehandlung und die Weissagung mit den Runensteinen interessieren und den Weg der Runenmagie nicht beschreiten wollen, können Sie den Rest dieses Kapitels auch überspringen.

DIE RUNENWEIHE

Es ist üblich, daß die Runensteine vor ihrem magischen Gebrauch rituell geweiht werden. Dies ist auf vielerlei Weise möglich, vom ausgefeilten, sich über Tage, Wochen oder sogar Monate hinziehenden Runenritual bis zu einer kurzen, intensiven Meditation und Kontaktschaltung zwischen dem Unbewußten des Runenmagiers (beziehungsweise der Runenmagierin) und den Runen selbst.

Die folgende Methode hat sich in der Praxis als außerordentlich wirksam erwiesen, deshalb möchte ich sie Ihnen zur Weihung beziehungsweise „Ladung" Ihrer Runensteine empfehlen. (Ähnlich können Sie auch mit anderen Runenträgern verfahren. Hinweise dazu finden Sie im nächsten Kapitel.)

> Lege die Runensteine in ihrer korrekten Reihenfolge vor dir auf einem weißen Tuch aus. Schließe nach Norden gewandt die Augen und atme mindestens 24mal tief und ruhig durch.
> Öffne nun die Augen und nimm die erste Rune (FEHU) auf, schließe die Hände um sie und intoniere ihren Namen einige Male. (Die Runenintonation wird noch ausführlicher beschrieben.) Meditiere dabei über die Bedeutung dieser Rune.
> Erhebe dich nun mit dem Runenstein in der Hand und stelle die Rune. (Die Runenstellungen findest du ebenfalls weiter unten.) Wiederhole das Intonieren, während du die Rune stellst und spüre, wie ihre Kraft dich durchflutet. Wenn dir dein Gefühl sagt, daß es genug ist, nimmst du wieder Platz und gibst die geweihte Rune in den vorbereiteten Runenbeutel.
> Nun verfährst du ebenso mit der zweiten Rune, dann mit der dritten und so weiter, bis du sämtliche Steine geweiht hast.
> Du mußt nicht alle Runensteine auf einmal weihen, kannst die Weihung also auch über mehrere Tage verteilen. Es ist auch möglich, pro Tag nur eine Rune zu weihen, so daß du eine Abfolge von 24 Tagen erhältst. Doch solltest du danach an einem Tag noch eine zusätzliche, verkürzte Weihung *sämtlicher* Runen durchführen, um die Operation abzurunden und nicht zu zersplittern.

DIE RUNENINTONATION

Die alten nordischen Schriften geben reichen Aufschluß darüber, daß den Klangwerten der Runen große magische Bedeutung zugesprochen wurde. Zwar ist heute nicht mehr historisch eindeutig zu rekonstruieren, wie die Runen (mit Ausnahme von Zaubersprüchen) zu lautmagischen Zwecken verwendet wurden, doch hat die esoterische Runenkunde zahlreiche Möglichkeiten aufgeführt, die sich in der Praxis gut bewährt haben.

Allerdings sind sich die verschiedenen Autoren nicht immer darin einig, wie eine Rune genau zu intonieren sei. Offensichtlich wirken die verschiedenen Systeme jedoch gleich gut, deshalb erscheint es unerheblich, für welches man sich entscheidet. Im folgenden sind daher auch nur die gängigsten Intonationen wiedergegeben.

Die *erste Intonation* besteht darin, den Runennamen dreimal langsam zu wiederholen, also z. B.: „Fehu, fehu, fehu." Die *zweite Intonation* besteht meist aus einer Reihe verschieden vokalisierter Formeln, beispielsweise: „Fu, fa, fi, fe, fo." Für welche Intonationsform Sie sich entscheiden – oder ob Sie beide nacheinander durchführen wollen –, hängt stark davon ab, wieviel Kraft Sie mit Ihrer runenmagischen Operation aktivieren wollen. Zu Anfang sollten Sie jedenfalls immer beide Intonationen verwenden, besonders beim Weihen der Runensteine.

Grundsätzlich ist beim Intonieren stets zu beachten, daß die Lautformeln möglichst *kräftig* und *langgezogen* vibriert werden. Das hat nicht unbedingt etwas mit Lautstärke zu tun, es kann auch leise oder sogar stumm geschehen, solange der ganze Körper dabei ins Schwingen gerät. Auf diese Weise wird die Runenenergie im ganzen Körper verteilt und braucht nicht eigens mit Hilfe von Imaginationsübungen gelenkt zu werden.

DAS RUNENSTELLEN
(STADHA)

Die Runen können nicht nur intoniert werden, man kann sie auch körperlich stellen. Eine solche Runenstellung nennt man auch „Stadha" (pl. „Stödhur").

Der Vorteil des Stadha besteht vor allem darin, daß die Rune nicht nur körperlich verankert wird und somit jede Faser des Runenmagiers die Kraft der Rune inkarniert: Nach einhelligem Urteil aller maßgebenden Runenautoren fungieren die so gestellten Runen zudem als eine Art „kosmische Antennen", mit deren Hilfe der Vitki den Einklang mit den Kräften des Universums herstellt. Tatsächlich werden Sie schon nach kurzer Übung beobachten können, daß die gestellten und intonierten Runen ungeheuer starke körperliche und geistige Wirkungen zeigen. Sie können mit großem Gewinn zur Stärkung und Kräftigung verwendet werden. (Näheres dazu weiter unten im Abschnitt „Heilungsmagie".) Man hat diese Praktik daher auch als „Runenyoga" bezeichnet.

Im Grunde entwickelt jeder Vitki im Laufe der Zeit eigene Runenstellungen oder ändert die bestehenden nach eigenen Erfordernissen ab. Verstehen Sie also unsere Abbildungen der Stödhur nur als Vorschläge, mit denen Sie nach Herzenslust experimentieren können und sollen.

Beim Stellen der Runen werden diese fast ausnahmslos auch intoniert, es sei denn, daß dies aus irgendwelchen Gründen nicht erwünscht oder möglich ist. Dies kann beispielsweise beim Laden eines Runentalismans oder -amuletts zu einem bestimmten Zweck der Fall sein. Meist ist es jedoch auch dann so, daß die Rune zuerst intoniert wird, danach wird die Stadha gehalten und die mit dem magischen Willen geladene Energie nach einer Weile der Konzentration in den entsprechenden Gegenstand geleitet.

Die folgenden Abbildungen geben Runenstellung (Stadha), zweite Runenintonation, Runenform und Runennamen tabellarisch wieder.

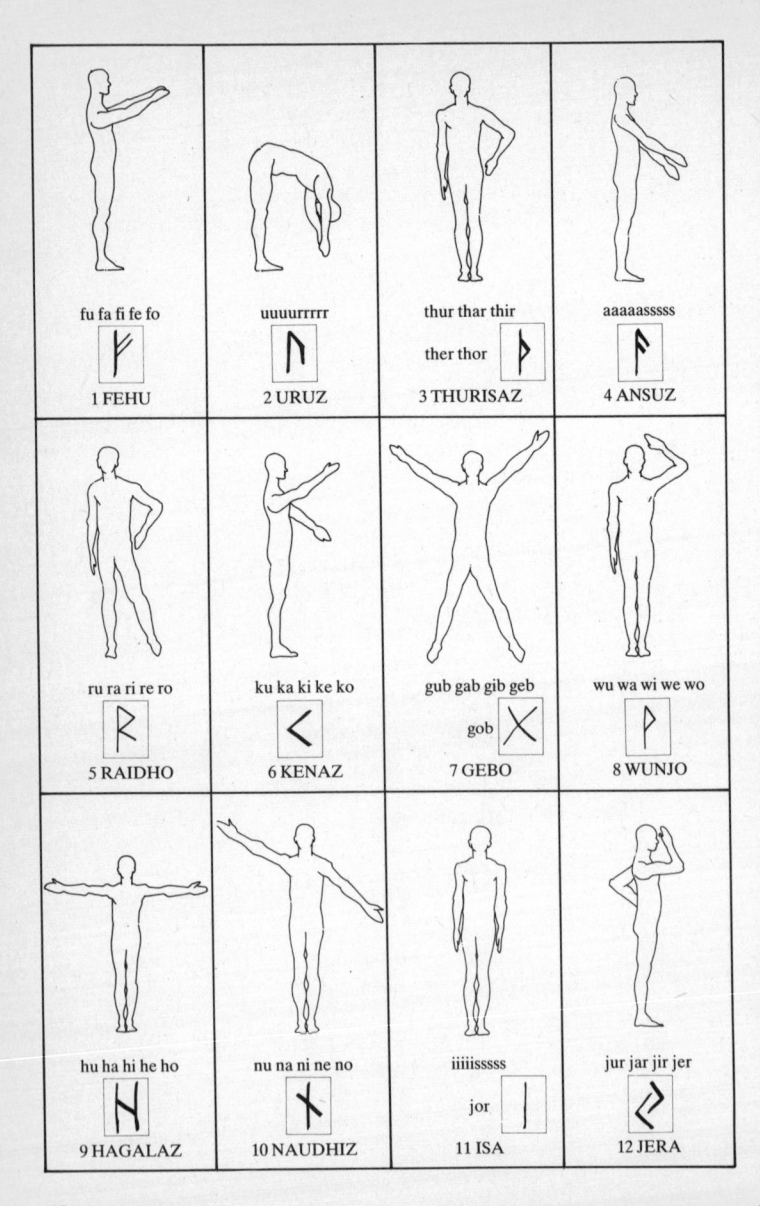

fu fa fi fe fo ᚠ **1 FEHU**	uuuurrrrr ᚢ **2 URUZ**	thur thar thir ther thor ᚦ **3 THURISAZ**	aaaaasssss ᚨ **4 ANSUZ**
ru ra ri re ro ᚱ **5 RAIDHO**	ku ka ki ke ko ᚲ **6 KENAZ**	gub gab gib geb gob ᚷ **7 GEBO**	wu wa wi we wo ᚹ **8 WUNJO**
hu ha hi he ho ᚺ **9 HAGALAZ**	nu na ni ne no ᚾ **10 NAUDHIZ**	iiiiisssss jor ᛁ **11 ISA**	jur jar jir jer ᛃ **12 JERA**

50

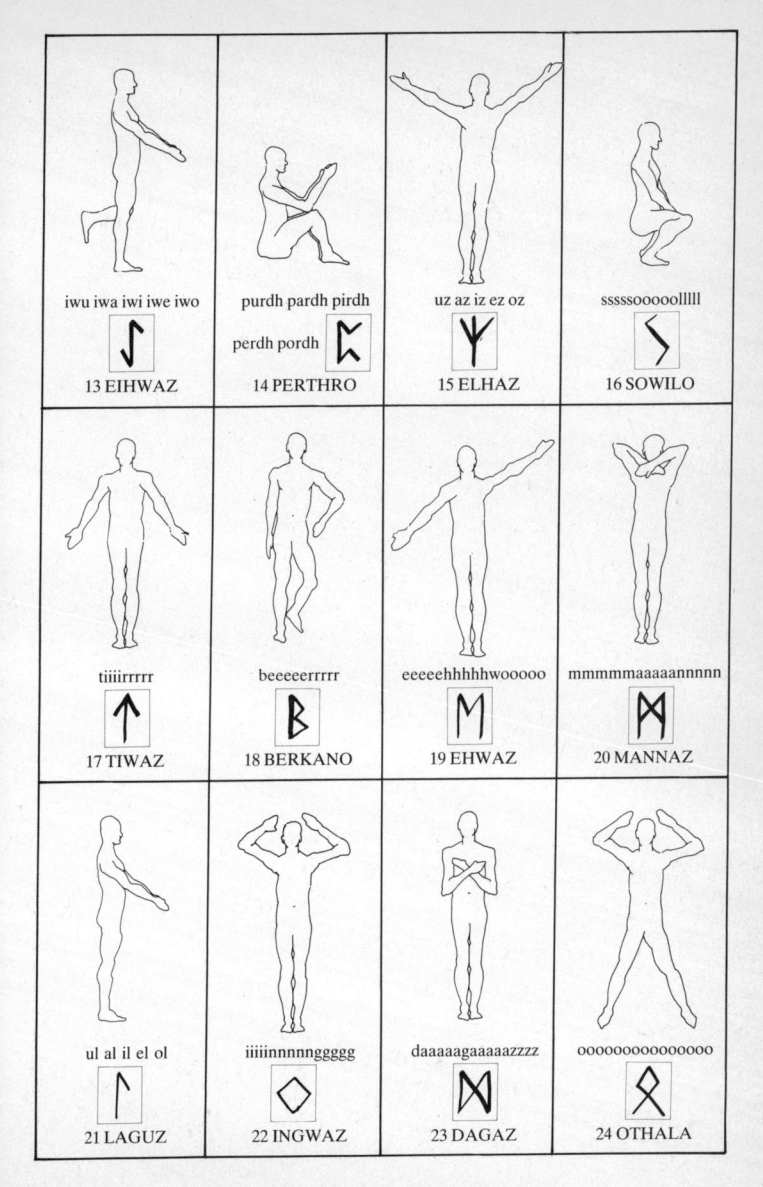

iwu iwa iwi iwe iwo ᛇ 13 EIHWAZ	purdh pardh pirdh perdh pordh ᛈ 14 PERTHRO	uz az iz ez oz ᛉ 15 ELHAZ	sssssooooolllll ᛋ 16 SOWILO
tiiiirrrrr ᛏ 17 TIWAZ	beeeeerrrrr ᛒ 18 BERKANO	eeeeehhhhhwooooo ᛖ 19 EHWAZ	mmmmmaaaaannnnn ᛗ 20 MANNAZ
ul al il el ol ᛚ 21 LAGUZ	iiiiinnnnnggggg ᛝ 22 INGWAZ	daaaaagaaaaazzzz ᛞ 23 DAGAZ	oooooooooooooo ᛟ 24 OTHALA

SCHUTZMAGIE

Magischer Schutz bedeutet, einer magischen Einflußnahme von außen widerstehen zu können und nicht zum Spielball der Kräfte anderer zu werden. Doch nicht nur Personen, auch Gegenstände und Vorhaben können magisch vor widrigen Einflüssen geschützt werden. Die Schutzmagie spielte im Leben unserer nordischen Vorfahren eine herausragende Rolle.

Auch heute kann der Wert des magischen Schutzes kaum überbetont werden. Dabei geht es weniger darum, daß der Magier sich vor allen möglichen – tatsächlichen und eingebildeten – Feinden schützen müßte. Vielmehr stellt den größten Feind des Magiers oft sein eigener, durch Erziehung und Umwelt verformter psychischer Zensor, der ihm bei seinen Vorhaben Hindernisse in den Weg stellt und seine Operationen torpediert. Dazu gehört das sogenannte „schlechte Gewissen" ebenso, wie wir Schuld- und Minderwertigkeitsgefühle, Konzentrationsmangel und Fahrlässigkeit dazuzählen müssen. Der magische Schutz stellt also auch eine Konzentrationshilfe dar, mit der unerwünschte Faktoren wie störende Gedanken und Gefühlsausbrüche, aber auch Außengeräusche und fremde Energien ferngehalten werden.

Erst in zweiter Linie befaßt sich die runische Schutzmagie mit der Abwehr magischer Angriffe, zumal diese äußerst selten sind. Immerhin kommen sie aber häufig genug vor, um erwähnt zu werden. Die drei wichtigsten Elemente jedes magischen Schutzes sind: innere Mittung, Wachsamkeit und – Humor!

Schutz durch Mittung

Eine der wichtigsten Aufgaben der Schutzmagie besteht darin, die persönliche Kraft des Vitki oder Runenkundigen zu stärken. Denn ein kraftloses Wesen kann sich nicht hinreichend schützen. Magietechnisch spricht man dabei von einer „Härtung der Magieraura", die auch vor Krankheiten schützt. Daher sind

Schutz- und Heilungsmagie nicht wirklich voneinander zu trennen, ebensowenig wie sie sich von der Kampfmagie loslösen lassen, denn man kann jede magische Technik sowohl konstruktiv als auch destruktiv einsetzen. Immerhin aber wirkt sich ein guter Runenschutz deutlich krankheitsvorbeugend aus.

Innere Mittung bedeutet, daß der Mensch zu seinem inneren Gleichgewicht findet und es auch unter widrigen Umständen beizubehalten vermag. Das liest sich leichter, als es sich in die Tat umsetzen läßt. Oft genug wird fast jeden Tag das innere Gleichgewicht verunsichert, bis es schließlich zu spät ist. Ob es jene Augenblicke sind, da man von seinen Gefühlen überschwemmt wird und jede Beherrschung verliert, Phasen der Niedergeschlagenheit und der Mutlosigkeit durchlebt, ob man bis ins Mark erschrickt, weil draußen auf der Straße plötzlich ein Auspuff knallt — all dies sind Augenblicke mangelnder innerer Mittung. Natürlich wollen Runenmagier nicht jedes Gefühl abtöten, um mit starrer, unbewegter Miene das Leben wie einen fernen Film vorüberziehen zu lassen. Doch ist es etwas anderes, Gefühle und Empfindungen zu genießen und bei Bedarf auch in Schach halten zu können oder aber ihnen hilflos ausgeliefert zu sein.

Innere Mittung erzielen Sie durch die Runen, indem Sie *regelmäßig* mit ihnen arbeiten. Stellen Sie sich ein regelmäßiges Übungsprogramm zusammen, das beispielsweise folgendermaßen aussehen könnte:

täglich:
  morgens: 10 Minuten Stadha mit Intonation (drei Runen)
  mittags: 5 Minuten Runenmeditation (eine Rune)
  abends: 15 Minuten Stadha mit Intonation (drei Runen)

alle drei Tage:
  praktische Arbeit mit dem Runenorakel

alle fünf Tage:
  große Runenarbeit: Stadha mit Intonation
  (alle 24 Runen), ca. 1 ½ Stunden

einmal im Monat:
  ganztägiges Runenexerzitium: 3mal Stadha
  (alle 24 Runen); Runenmeditation über mindestens

5 Runen (je ½ Stunde);
Arbeit mit dem Runenorakel;
dabei: Fasten (sofern nicht medizinisch bedenklich), Zurückgezogenheit, Enthaltsamkeit (Alkohol, Tabak, Kaffee, Tee, Genußmittel aller Art, evtl. auch Sexualität)

alle drei Monate:
zweitägiges Runenexerzitium (wie oben)

einmal im Jahr:
einwöchiges Runenexerzitium (wie oben)

dazu:
– runenmagische Arbeiten nach Bedarf
– Studium der Runenliteratur
– Schnitzen eigener Runenstäbe

Wenn Sie ein solches Programm ein bis zwei Jahre lang konsequent durchführen, stellt sich die innere Mittung von ganz allein ein. Außerdem entwickelt sich dadurch geradezu kometenhaft Ihre feinstoffliche Wahrnehmung, was wiederum Ihre magische Wachsamkeit erhöht, und so weiter.

Selbstverständlich können Sie das obige Übungsprogramm Ihren eigenen Bedürfnissen und Möglichkeiten anpassen. Allerdings sollten Sie dabei stets das *tägliche Üben* im Auge behalten und sich darüber im klaren sein, daß die Beherrschung der Runenmagie niemandem in den Schoß gelegt wird – auch Runenmeister fallen eben nicht vom Himmel. Daher verlangt die praktische Runenmagie nach sehr viel Konsequenz und Hingabe, nach Fleiß und Durchhaltevermögen, man kann sie nicht „mal eben" wie irgendein Hobby praktizieren.

Wenn Sie spüren, daß Sie kraftlos sind oder einen zusätzlichen Energieschub nötig hätten, können Sie die Runen stellen und intonieren, das wird Sie nicht nur aufladen, sondern Ihnen auch Mut machen. Zur Mittung gehört es auch, unerwünschten Zuständen konsequent vorzubeugen und nicht erst einzugreifen, wenn die Katastrophe bereits im Anmarsch ist!

Schutz durch Wachsamkeit

Das oberste Gebot der magischen Wachsamkeit lautet: „Keine Hysterie, kein Verfolgungswahn!" Wenn Sie das Gebot der inneren Mittung beherzigen, werden Sie nicht Gefahr laufen, diesen Kardinalfehler aller Schutzmagie zu begehen. Die Grenze zwischen praktischer, erfolgreicher Runenmagie und irrationalem Aberglauben ist manchmal hauchdünn. Daher bedeutet Wachsamkeit, daß Sie nicht jedesmal gleich das Wirken „böser Mächte" vermuten, wenn Sie auf einer Bananenschale ausrutschen oder einfach nur einen „schlechten Tag" hatten.

Die magische Wachsamkeit richtet sich vor allem *nach innen*: Der Vitki behält sich selbst im Auge, erhebt in allen Dingen die Sorgfalt zu seinem obersten Gebot und hütet sich davor, die Schuld an unliebsamen Ereignissen zuerst bei anderen zu suchen. Andererseits läßt er sich auch nicht die Sinne vernebeln, wenn er tatsächlich einmal mit feindseligen, destruktiven Energien konfrontiert werden sollte. In diesem Fall trifft er in aller Gelassenheit und Zügigkeit sämtliche erforderlichen Schutzvorkehrungen und leitet eventuelle Gegenmaßnahmen ein.

Besondere Aufmerksamkeit widmet er – und dies nicht nur in Krisenzeiten – den Signalen seines Körpers, der ihm oft sehr viel früher als der bewußte Verstand gesundheitliche wie geistige Gefahren anzeigt. Selbstkritisch nimmt er sich unentwegt unter die Lupe und achtet darauf, daß er seinen eigenen Zielen und Idealen treu bleibt und keine Gewissenskonflikte heraufbeschwört, die ihn tatsächlich zum Opfer seiner selbst machen könnten, indem sie ihn schwächen und einen Angriff von außen geradezu magnetisch anziehen (Erlösungsdrang).

Der Vitki achtet auch auf das Wirken der Runen im Alltag, er sucht ihre Prinzipien in allem zu erkennen, was ihm begegnet. Das aber ist eine lebenslange Übung, die niemals abgeschlossen sein wird.

Wenn Sie Ihre runische Achtsamkeit schulen wollen, so verinnerlichen Sie zunächst die Runenprinzipien und ordnen dann alles, was Ihnen widerfährt, einer Rune oder mehreren zu. Dabei könnten Sie sich Fragen stellen wie folgende:

- Welcher Rune entspricht diese Situation am meisten?
- Welcher meiner Freunde verkörpert für mich die Rune X ?
- Wie würde die Situation durch die Brille der Rune X betrachtet aussehen? Wie aus der Sicht der anderen Runen?
- Welche Runenkraft brauche ich jetzt am meisten?
- Welche Runenkraft besitze ich im Augenblick am stärksten?

Durch solche Übungen, die Sie auch im Alltag ohne großen Zeitaufwand durchführen können, beispielsweise im Bus oder im Wartezimmer des Arztes, werden die Runen erst richtig lebendig für Sie. Wenn Sie erst einmal gelernt haben, alles in Runen auszudrücken, durch Runen zu erklären oder zu verstehen, dann haben Sie – zusammen mit der Mittung und dem Humor – eine ungeheuer mächtige magische Waffe, die ungewünschte Einflüsse von außen ganz automatisch abwehren wird, ohne daß Sie sich noch sonderlich darum kümmern müßten.

Schutz durch Humor

„Lachen bannt" – dieser Grundsatz der modernen Magie wurde in der Vergangenheit leider viel zu oft mißachtet. Tatsächlich ist das laute, herzhafte, den ganzen Körper erschütternde Lachen eine Form der Gedankenleere und der dynamischen Mittung. Mit – meist etwas verlegenem – Lachen reagieren wir auf unangenehme Situationen oder Menschen, mit Lachen nehmen wir der Angst ihren Schrecken, mit Lachen machen wir alles, was sich übergroß gebärdet, ein Stückchen kleiner und weniger bedrohlich. (Denken Sie einmal an die Lehrerwitze Ihrer Schulzeit zurück!)

Daher sollten Sie gerade als Runenmagier so oft wie möglich lachen, die Dinge stets auch von ihrer heiteren Seite sehen und sich mindestens einmal am Tag einen guten Witz erzählen lassen. Humor ist nicht nur die beste Hausapotheke, er verhindert auch „Kopflastigkeit" und gewährleistet die in jeder Magie so wichtige Erdung. Im übrigen lassen sich hierfür natürlich keine Vorschriften geben, so daß es Ihnen selbst überlassen bleibt, wie Sie diesen bedeutsamen Aspekt magischen Schutzes angehen wollen.

Einige praktische Schutztechniken

DER RUNENKREIS: Wenn Sie runenmagisch arbeiten, sollten Sie dies nur in einem Schutzkreis tun, den Sie imaginativ um Ihren magischen Arbeitsplatz ziehen. Sie können diesen Kreis auch – imaginativ oder physisch – durch entsprechende Runen verstärken, wobei Sie selbst entscheiden, welche Runen Sie dazu verwenden wollen. Ich gebe hier bewußt keine konkreten Empfehlungen, um zu vermeiden, daß sich Leser bereits in die Runenmagie hineinwagen, bevor sie sich gründlich mit den Runen selbst auseinandergesetzt haben. Haben Sie dies aber getan, werden Sie selbst herausfinden, welche Runen für Ihre Zwecke geeignet sind und welche nicht. (Im übrigen sei auf den Titel *Praktische Runenmagie* von Vitki verwiesen, siehe Literaturliste im Anhang.)

RUNENIMAGINATION: Sie können täglich eine Rune in Ihrer Körpermitte (ca. drei Fingerbreit unterhalb des Bauchnabels, im sogenannten „Hara") imaginieren. Die Rune sollte kräftig strahlen, und am besten beginnen Sie die Imagination morgens mit einem entsprechenden Stadha und der dazugehörigen Intonation. Wenn Sie dies mit allen Runen durchexerziert haben, können Sie sich für eine oder mehrere Runen entscheiden, die Sie ständig im Hara aktiviert halten. Dazu brauchen Sie nicht unentwegt daran zu denken, es genügt, wenn Sie sich zu Anfang in regelmäßigen Abständen selbst daran erinnern. Später werden Sie dann vielleicht zu Ihrer Überraschung feststellen, daß sich dieser Prozeß verselbständigt hat und die Rune auch dann noch wahrzunehmen ist, wenn Sie zufällig an sich heruntersehen, ohne dabei an diese Runenladung Ihres Hara zu denken.

Weitere Schutzmöglichkeiten finden Sie unten im Abschnitt „Talismantik".

HEILUNGSMAGIE

Abgesehen vom Gebrauch von Runentalismanen und -amuletten zur Heilung und Abwehr von Krankheiten können Sie mit den Runen auch unmittelbar therapeutisch arbeiten. Dies ist sowohl allein als auch mit einem Patienten möglich.

Wollen Sie bei sich selbst eine Krankheit behandeln, so müssen Sie zunächst ihre Runenentsprechung bestimmen. Dafür gibt es keine eindeutigen Tabellen, denn da jede Rune auf ihre ureigene Weise zu dem Vitki spricht und jedem ihre Mysterien in unterschiedlichem Ausmaß offenbart, sollten Sie sich dabei lieber auf Ihre eigene Intuition verlassen als auf die Angaben anderer.

Haben Sie die entsprechende Rune (oder mehrere) bestimmt, intonieren Sie sie und vollziehen dabei, sofern körperlich möglich, das Stadha. Leiten Sie die aktivierte Energie an die betroffenen Körperstellen und lassen Sie sie dort wirken. Dies können Sie so oft wiederholen, wie es nötig ist.

Einen Patienten können Sie mit Stadha behandeln, indem Sie selbst die Rune stellen und die aktivierte Energie durch die Hände an die betroffenen Körperteile leiten. Es ist hilfreich, wenn der Patient diesen Prozeß durch eigene Intonation der Rune unterstützt, sofern ihm das möglich ist.

Anstelle von Stadha können Sie zum Bestrahlen aber auch mit einem Runentalisman oder -amulett arbeiten. Dazu binden Sie das geladene Objekt entweder an die betroffene Stelle oder Sie tragen es anderweitig am Körper, legen es nachts unter das Kopfkissen o. ä.

Im übrigen ist die beste Heilung die Vorbeugung – daher sollten Sie vor allem die obigen Ausführungen zum Thema „Schutzmagie" gründlich beherzigen.

TALISMANTIK

Talismane und Amulette sind Gegenstände, die zur Erlangung bestimmter Ziele magisch aufgeladen werden. Ein Großteil der erhaltenen Runendokumente früherer Zeiten sind Talismane und Amulette – diese Funde beurkunden damit die große Bedeutung, die der Talismantik in den nordischen Kulturen zukam.

Talismane unterscheiden sich von Amuletten prinzipiell nur durch ihre Zielrichtung: Während ein Talisman *für* etwas ist (also zum Beispiel „für Krankheit", „für Zugewinn" und so weiter), sind Amulette *gegen* etwas gerichtet (also etwa „gegen Erkrankung", „gegen Verluste" und so weiter). Die Ladungstechnik ist jedoch stets dieselbe.

Nachdem Sie Ihr magisches Begehren in einem eindeutigen, präzisen und nicht zu langen Willenssatz formuliert haben (vermeiden Sie dabei alle Negativformulierungen!), gehen Sie daran, ihn in die Runensprache zu übersetzen. Das erfordert natürlich einige Vertrautheit mit den Runen, wie auch die Heilungsmagie. Deshalb ist es zu empfehlen, eine Weile möglichst täglich über einzelne Runen zu meditieren, sie zu intonieren und zu stellen, bevor Sie Ihren ersten Runentalisman oder Ihr erstes Runenamulett herstellen.

Wenn Sie beispielsweise ein lukratives, geschäftliches Vorhaben runenmagisch unterstützen wollen und sich dabei für die Rune ELHAZ entscheiden, können Sie die Rune in ein Stück Holz schnitzen, auf einen kleinen Stein ritzen, mit roter Farbe (traditionell: mit Blut) auf weißes Leder oder weißen Stoff malen oder etwas Ähnliches tun. Dabei konzentrieren Sie sich unentwegt auf Ihren Willenssatz (beispielsweise: „Ich will, daß mein geschäftliches Vorhaben X gelingt"), bis Sie fertig sind. Dann stellen Sie die Rune ELHAZ, intonieren sie möglichst kräftig einige Male (erste *und* zweite Intonation) und lenken dabei die Runenkraft imaginativ durch die Hände auf den Talisman. Danach wickeln Sie den Talisman in ein reines Stück Tuch (am besten Leinen, keine synthetischen Stoffe verwenden) und befestigen alles an einer Halskette oder einem Lederriemen. Tragen Sie den Talisman solange am Körper (auch während des Badens oder Duschens), bis das gewünschte Ereignis eingetreten ist. Verwenden Sie auch Ihre Runensteine zur Ladung, indem Sie sie — sofern sie ordnungsgemäß geweiht wurden — auf den Energieträger legen und die darin enthaltene Energie in diesen überleiten. Genaugenommen sind Ihre geweihten Runensteine gar keine wirklichen Energieträger, sondern vielmehr *Tore* oder *Kanäle*, durch die die Runenenergie geleitet wird. Deshalb ist der Begriff „Weihung" im Hinblick auf die Runensteine auch korrekter als die Bezeichnung „Ladung", man kann diesen Prozeß mit dem Öffnen einer Schleuse vergleichen. (Umgekehrt bedeutete das Wort „Schutz" lt. Duden ursprünglich „Umdämmung, Aufstauung [des Wassers]", also soviel wie „Deich".)

Gerade bei Talismanen und Amuletten werden häufig sogenannte „Binderunen" verwendet. Das sind Kombinationen aus zwei oder noch mehr Runen, die beim Zeichnen miteinander verwoben werden, wodurch der Vitki sehr differenzierte Ladungen erreichen kann. Auch hierzu ist allerdings gründliche Erfahrung mit der Runenarbeit erforderlich, aus diesem Grund soll hier nicht näher darauf eingegangen werden. Abbildung 4 zeigt zur Veranschaulichung ein Beispiel für die Herstellung einer solchen Binderune.

Das letzte Kapitel enthält einige Hinweise zum Gebrauch der Runen für Schutz- und Heilungszwecke und auch für ihre talismantische Nutzung. Beherzigen Sie dabei aber stets das bisher Gesagte: Im Grunde müssen Sie durch fleißiges Üben zu Ihren eigenen Zuordnungen finden. Die Tips in diesem Buch sind also nur als *Vorschläge* für den Anfang zu verstehen, und Sie sollten sich nicht scheuen, mit zunehmender eigener Praxis davon abzuweichen und das Kapitel gewissermaßen „umzuschreiben".

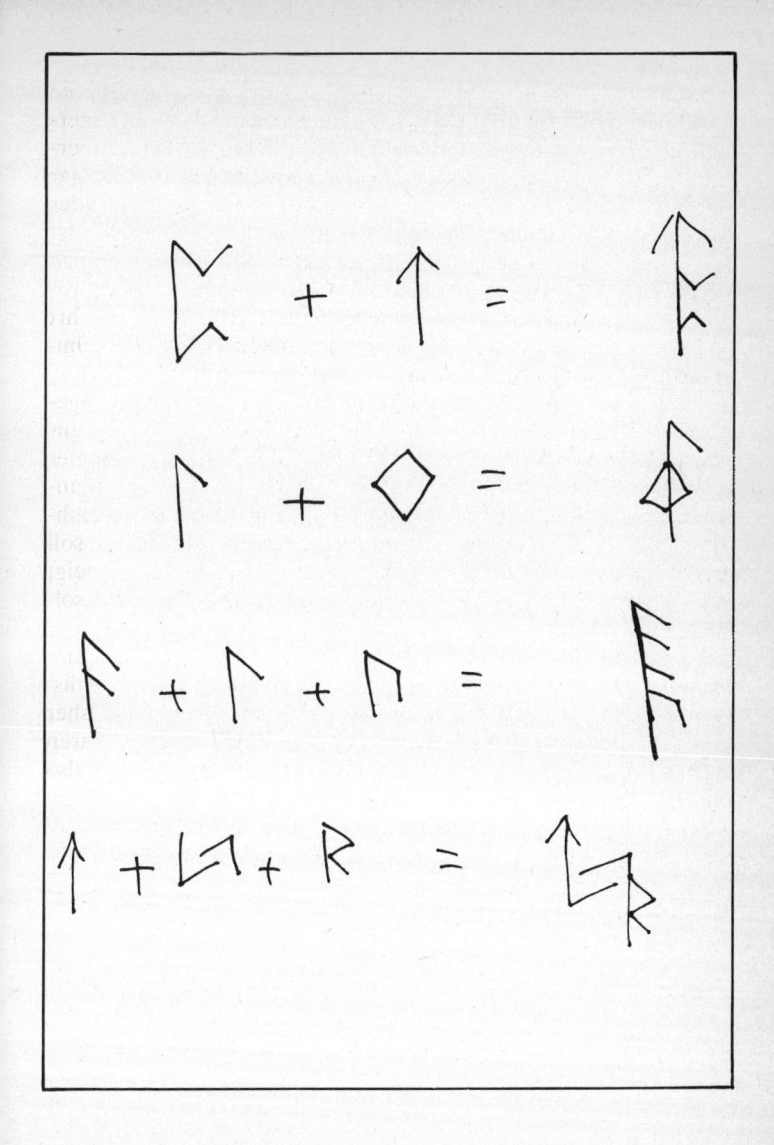

Abb. 4 Binderunen

5

RUNENSTEINE UND ANDERE RUNENTRÄGER

Die Runensteine sollten spätestens nach ihrer Weihung — sofern Sie eine solche durchführen wollen — stets in einem Beutel aufbewahrt und nur zur praktischen Arbeit, Meditation und so weiter hervorgeholt werden.

Für die Weissagung verwenden Sie am besten ein sauberes weißes Tuch, möglichst aus Leinen, von etwa 50 mal 50 cm Größe, auf das die Steine geworfen werden. Viele Runenmagier verzieren darüber hinaus ihr Tuch, nähen beispielsweise eine schöne Bordüre an oder besticken es mit allerlei Ornamenten. Dies sollte jedoch nicht übertrieben werden, damit das Auge bei der Weissagung nicht zu stark abgelenkt wird.

Runensteine gibt es fertig zu kaufen, Sie können sie aber auch selbst herstellen, beispielsweise aus Ton, aus Modelliermasse oder aus flachen Kieseln, auf die die Runen mit roter Farbe gemalt werden. Oft werden auch flache Holzscheiben verwendet, in die man die Runen einbrennen oder, wie es alter Brauch ist, *einritzen* beziehungsweise schnitzen kann, um sie rot zu färben.

Eine moderne Variante der Runensteine sind die *Runenkarten*, einfache Pappkarten mit aufgemalten oder gedruckten Runen, die vor der Befragung wie ein gewöhnliches Kartenspiel gemischt werden.

In alten Zeiten war es üblich, daß der Vitki für jede Befragung eigens einen Satz Runen schnitzte, die nach der Weissagung verbrannt wurden. Wie man sich denken kann, war das ein recht mühseliges Geschäft! Es zeigt aber auch, mit welcher Ehrfurcht unsere germanischen Vorfahren den Runen begegneten – und daß die Runen höchstwahrscheinlich nie „einfach so" aus reiner Neugier befragt wurden.

Ein mir bekannter, inzwischen verstorbener deutscher Runenmeister suchte sich seinen Satz in jahrelanger Arbeit im Wald zusammen: Die Rune mußte von einem lebenden Baum stammen, sie mußte aus einem kleinen Zweig bestehen, der *genau* die gesuchte Runenform besaß, und der Vitki durfte pro Monat nur eine einzige Rune schneiden. Letzteres geschah zudem mit großem rituellen Aufwand. So dauerte es gut zwei Jahre, bis er seine Runen zusammen hatte – aber es dürfte einleuchten, daß dieser Runensatz für ihn schon psychologisch gesehen eine ungeheure Kraft und Aussagefähigkeit besaß.

Behalten Sie stets vor Augen, daß die Runenträger, ob aus Stein, aus Holz oder aus anderem Material, Ihr verstofflichtes *Tor zu den Runen* darstellen. Tiefenpsychologisch gesehen handelt es sich dabei um eine Symbolprojektion, die uns den Zugang zum Unbewußten erschließt. Esoterisch-magisch betrachtet sind die Runenträger Knotenpunkte kosmischer Energien, die zu handhaben der Bedienung eines „Schaltpults" gleichkommt. Für welches Modell Sie sich auch entscheiden mögen, auf jeden Fall sollten Sie mit Ihren Runensteinen oder -karten respektvoll umgehen, weil dies dem Unbewußten (oder den kosmischen Kräften) Ehrfurcht und ernsthaftes Bemühen signalisiert. Sehen Sie darin ruhig, salopp ausgedrückt, eine „innerseelische PR-Arbeit", die für ein gutes „Betriebsklima" sorgt – und danken Sie den Runen auch, wenn sie Ihnen Hilfe, Rat und Trost beschert haben.

6

DIE RUNEN IM EINZELNEN

Es folgt nun die Besprechung der einzelnen Runen. (Die Struktur dieser Abhandlungen wurde bereits im 2. Kapitel erläutert.) Lesen Sie dieses Kapitel mehrmals aufmerksam durch und meditieren Sie über die einzelnen Abschnitte. Sie können sich auch täglich mit nur einer Rune befassen, am besten theoretisch *und* praktisch.

Es ist besonders zu empfehlen, die Rune selbst eine Weile anzublicken, ohne dabei über irgend etwas Bestimmtes nachzudenken. Danach meditieren Sie über das „Bild" in Verbindung mit der Runenform und lesen als nächstes den „Runenvers" mehrmals laut vor. Haben Sie dies mit allen Runen einige Male getan, können Sie sich an die praktische Arbeit machen.

Wenn Sie bei der Weissagung als Berater für andere Menschen tätig sind, müssen Sie sich natürlich auch ein wenig darin üben, die Runenaussagen klar und verständlich zu formulieren. Das erreichen Sie am besten durch sehr viel Übung, deshalb sollten Sie sich auch nach einer Anfangsphase des Selbstexperiments ruhig im Bekannten- und Freundeskreis Ihre ersten Klienten suchen.

Anmerkung zu den Runenversen:

So wie es verschiedene Futharks gibt, gibt es auch unterschiedliche Runengedichte, die zu jeder Rune des jeweiligen Systems einige Merkverse bieten. In diesem Buch wurden vor allem drei

Quellen verwendet: „Odins Zaubersprüche" mit einer Behandlung der 16 Runen des Jüngeren Futhark. Hier sind zwei weitere Verse enthalten, die sich auf Runen zu beziehen scheinen, was in den letzten hundert Jahren zu einigen Spekulationen über ein mögliches 18er-Futhark (heute als sogenanntes „Armanen-Futhark" bekannt) geführt hat. Zitiert wird außerdem das „Altenglische Runengedicht", das sämtliche Runen des 24er-Futhark behandelt sowie darüber hinaus die fünf zusätzlichen Runen des angelsächsischen Futhark, und als dritte Quelle das „Altisländische Runengedicht", das wiederum nur die 16 Runen des Jüngeren Futhark behandelt. Hingewiesen werden soll auch auf das „Altnorwegische Runengedicht", das ebenfalls das Jüngere Futhark kommentiert.

Die Passagen aus „Odins Zaubersprüchen" entstammen der Übersetzung von Karl Simrock, die anderen Übersetzungen sind von mir.

DIE RUNE FEHU

DIE FORM

FEHU

DAS BILD

Die Hörner des Viehs

STICHWORTE

Vieh; Gold; Geld (beweglicher Besitz); bewegliche Macht; ewiges Werden; Erschaffung; Zerstörung; Fruchtbarkeit; Ausdehnung.

DER RUNENVERS

Lieder kenn ich, die kann die Königin nicht
und keines Menschen Kind ...
Hilfe heißt eins, denn helfen mag es
in Streiten und Nöten und in allen Sorgen

*

Geld ist ein Trost
für jedermann
obwohl jeder es
freigebig verteilen sollte,
wenn er das Wohlwollen des Herrn
erlangen will.

*

Viehbesitz ist Freude der Menschen jedem,
soll doch der Männer jeder reichlich ihn verteilen,
wenn er will vor den Göttern Ruhm erlosen.

WEIHEHANDLUNG

Frage: Wie sorgsam gehst du mit Macht, Materie und Fruchtbarkeit um?

Werde dir der Gesetze von Geburt, Tod und Wiedergeburt bewußt, erkenne die Rhythmen des Kosmos.

Stelle die Rune zum Zwecke der Erkenntnis und zur Verwurzelung im ewigen Jetzt.

WEISSAGUNG

Positiv aspektiert: Zuwachs an Geld und beweglicher Macht; Kraft und Stärkung durch innere Mittung; Konsolidierung des Besitzes; feste Verwurzelung im Materiellen; Erkennen kosmischer Rhythmen; Gewinn durch Großzügigkeit.

Negativ aspektiert: Mangel an Geld und beweglicher Macht; Schwächung durch Verkennen der Gesetze materiellen Seins; Verschleuderung des Besitzes; Leben von der Substanz; materielle Orientierungslosigkeit; aus dem Rhythmus sein; Verlust durch Geiz.

Der Runenrat

Erkenne die Gesetze materiellen Seins, achte die Materie ebenso wie den Geist, denn beide sind Geschwister. Befolge den alten Schamanenrat: „Lerne, deine Macht anzunehmen." Kosmische Rhythmen bestimmen das Stirb und Werde jeglicher Existenz. Dazu gehört auch das Gesetz von Geben und Nehmen: Verhafte dich nicht an Besitz, aber verachte ihn auch nicht.

RUNENMAGIE

Schutzmagie: Verwende die Rune zur Sicherung und Mehrung deiner materiellen Wurzeln und deines Besitzstandes; Abwehr von schädlichen Einflüssen, die auf Einschränkung deines Handlungsspielraums abzielen.
Heilungsmagie: Verwende die Rune zur Kräftigung bei Krankheit und in Zeiten seelischer Krisen.
Talismantik: Amulette gegen finanzielle Bedrohung von außen und innen; Talismane für Mehrung des materiellen Reichtums und zur Förderung der Erkenntnis kosmischer Rhythmen.

Die Rune FEHU ist das Symbol der beweglichen Macht und damit auch des materiellen Besitzes. Das Wort „Vermögen" bedeutet ursprünglich „Können". Indem der Mensch die ihm anvertraute (oder auch ausgelieferte) Materie nicht verneint, sondern sie achtet und pflegt, ohne sie jedoch zum Götzen zu machen, erfährt er die Einheit des Seins im Rhythmus von Geburt, Tod und Wiedergeburt. Lerne deine Macht und deine Kraft anzunehmen, erst dann kannst du sie nutzen, um deine persönliche Entwicklung und die der anderen, der Gesellschaft und der Menschheit als Ganzes zu fördern. Reich sein heißt „reiches Sein" — werde reich, innerlich wie äußerlich, dann kannst du Leben und Schicksal so gestalten, wie es deiner Bestimmung und/oder deinem Wollen entspricht.

AFFIRMATION

„*Innerer und äußerer Reichtum fließt mir zu — ich habe teil an der kosmischen Fülle.*"

DIE RUNE URUZ

DIE FORM

URUZ

DAS BILD

Die Hörner des Auerochsen
fallender Regen

STICHWORTE

Auerochse; Urrind; Urkraft; Samen; Vitalität; Gesundheit; Verwurzelung; Erdung; Ursprünglichkeit; Erdopfer.

DER RUNENVERS

*Ein andres weiß ich, des alle bedürfen,
die heilkundig heißen.*

*

*Der Auerochse ist furchtlos
und großgehörnt,
ein sehr wildes Tier,
er kämpft mit seinen Hörnern,
ein ruhmreicher Durchstreifer des Moores,
er ist ein mutiges Tier.*

*

*Schlacke ist aus schlechtem Eisen,
oft läuft das Rentier vor der Klinge.*

WEIHEHANDLUNG

Frage: Was tust du, um dich zu erden und deinen Zugang zur eigenen Urkraft zu erhalten oder herzustellen?

Achte auf das, was dich im tiefsten Inneren bewegt und antreibt und stelle den Kontakt zu deinem eigenen Ursprung (wieder) her.

Stelle die Rune am besten unbekleidet frühmorgens auf taufrische Erde und meditiere über die Kraft deines Ursprungs.

WEISSAGUNG

Positiv aspektiert: Erfolg bei Konflikten; Erdung; Realismus; Mittung durch Rückverbindung (*religio*) zum Ursprung; Gesundung; Stärkung der Abwehrkräfte; das fruchtbringende Opfer.
Negativ aspektiert: Sturheit und Unnachgiebigkeit bei Konflikten; mangelndes Durchsetzungsvermögen; Selbsttäuschung; blindes Verhaftetsein im Materiellen; Verlust der Wurzeln; Schwächung der Vitalkräfte; Kränkeln.

Der Runenrat

Werde dir deiner wahren Ursprünge bewußt und bleibe ihnen treu – aber entwickle auch weiter, was dir gegeben wurde. Lerne, mit beiden Beinen fest auf dem Boden zu stehen, aber auch zu gehen! Sorgfalt in kleinen Dingen bringt Kraft und innere Ruhe.

RUNENMAGIE

Schutzmagie: Verwende die Rune zum Schutz vor Konzentrationsschwäche, Unachtsamkeit und Nachlässigkeit.
Heilungsmagie: Verwende die Rune zur Kräftigung der Abwehrkräfte und zur Herstellung einer gesunden körperlichen Konstitution.
Talismantik: Glücksbringer für die Konkretisierung von Vorhaben.

Die Rune URUZ ist das Tor zum Urgrund alles persönlichen und überpersönlichen Seins. Es ist die „Wurzelrune", auf deren Grundlage das Leben fußt. Erforsche deine eigenen Ursprünge, und du wirst die Verwandschaft aller Wesen miteinander erkennen. Erdung verlangt nach Sorgfalt und Genauigkeit, verbanne die Selbsttäuschung, mach dir nichts (mehr) vor. Sei beharrlich und furchtlos in dem, was du anpackst. Entspringt dein Mut der echten Verbundenheit mit deinen Wurzeln, wirst du zum bewußten Bindeglied zwischen Vergangenheit und Zukunft, so wird dir die Gegenwart des Ewigen Jetzt ihre Mysterien offenbaren. Die Achtung vor dem Alten ist die eine Seite – der Respekt gegenüber dem Neuen die andere. Deine Aufgabe aber besteht darin, beide zu einer fruchtbaren Vereinigung zu führen, deren Kanal und Lenker du bist.

AFFIRMATION

„Ich erkenne und achte meine Ursprünge und ziehe Mut und Kraft aus dieser Verbindung."

DIE RUNE THURISAZ

DIE FORM

THURISAZ

DAS BILD

Der Hammer
Der Dorn
Der Riese

STICHWORTE

Hammer; Dorn; Donner; Riese; Thor; Macht; Polarität; Überwindung von Hindernissen; Schmiedekunst; kosmischer Phallus; Vernichtung der Feinde.

DER RUNENVERS

Ein andres weiß ich, des ich bedarf,
meine Feinde zu fesseln.
Die Spitze stumpf' ich dem Widersacher;
mich verwunden nicht Waffen noch Listen.

*

Der Dorn ist sehr spitz
für jeden Edling,
der ihn ergreift; er ist schadenbringend
und außerordentlich grausam
für jeden Mann,
der sich darauf legt.

*

Donner schafft die Krankheit der Frauen;
wenige sind froh ob des Unglücks.

WEIHEHANDLUNG

Frage: Was tust du, um dich der Polarität des Seins zu stellen?
 Erkenne die Notwendigkeit des Zusammenspiels zwischen „Positivem" und „Negativem", bestimme deine eigene Stellung darin.
 Stelle die Rune um die Mittagszeit und zu Mitternacht, um dir deiner eigenen Kraft im Wechsel zwischen Licht und Schatten bewußt zu werden.

WEISSAGUNG

Positiv aspektiert: Abwehr mißgünstiger Gegenkräfte; das „reinigende Donnerwetter"; Erkennen der Relativität von „Gut" und „Böse"; Lenken der Polaritäten; konstruktive Machtausübung; Konsequenz; Liebeszuwachs.
Negativ aspektiert: Größenwahn; Selbstüberschätzung; Queru-

lantentum; Erstarrung im Dogmatismus; Verkennen der Funktion von Polaritäten; Machtmißbrauch; Sturheit; Zorn; blindes Wüten; Kontrollverlust; Liebesverlust.

Der Runenrat

Sei der Gegenkräfte gewahr und schließe nicht die Augen vor ihnen. Wer heute den Kopf in den Sand steckt, knirscht morgen mit den Zähnen. Zum Leben gehört auch der Mut zum Konflikt. Hindernisse sind dazu da, furchtlos, aber umsichtig überwunden zu werden.

RUNENMAGIE

Schutzmagie: Verwende die Rune zur aktiven Verteidigung in jeder Form. Gehe dabei ohne Sentimentalität vor — aber vermeide auch jede Grausamkeit.
Heilungsmagie: Verwende die Rune zur Abschirmung vor schädlichen Einflüssen.
Talismantik: Ladung eines Liebestalismans.

Die Rune THURISAZ ist eine „Donnerrune" in allen Bedeutungen des Wortes. Sie lehrt uns, daß wir dem Konflikt ins Auge sehen müssen, wenn wir nicht von ihm beherrscht und gegängelt werden wollen. Sie überwindet Hindernisse und nimmt dadurch auch die Funktion der Fruchtbarkeit wahr. Zugleich ist sie die Rune der Regeneration und des „Dorns des Erwachens". Stellst du den Kontakt zur Kraft dieser Rune her, wird dies deine Willenskraft stärken und dich befähigen, sie zielgerichtet und konstruktiv einzusetzen. Sie offenbart dir das Zusammenspiel der Polaritäten und dient als Verbindungsglied zwischen dem Mysterium des Lebens und dem Mysterium des Todes. Sie ist zudem eine Rune der *geleiteten* Macht, die nicht vor ihrer eigenen Verantwortung zurückschreckt und die die Konsequenzen ihres Tuns überblickt und genau einschätzt. Konsequenz und geradlinige Ehrlichkeit verleihen dir die Fähigkeit, dein Leben als freier, selbstbestimmter Mensch im Einklang mit den von dir erkannten kosmischen Gesetzen zu gestalten. Überwinde auch den Gegner in deinem Inneren, dann wird er dir im Außen nicht mehr entgegentreten müssen.

AFFIRMATION

„*Ich bin der Donnerkeil meiner eigenen Macht und beherrsche sie.*"

DIE RUNE ANSUZ

DIE FORM

ANSUZ

DAS BILD

Odins wehender Umhang
Wind

STICHWORTE

Der Gott Ansuz; Odin; göttlicher Odem; Zauber; Ekstase; Schöpfung; Gesang; Dichtkunst; Inspiration; Weisheit.

DER RUNENVERS

Ein Viertes weiß ich, wenn der Feind mir schlägt
in Bande die Bogen der Glieder,
sobald ich es dinge, so bin ich ledig,
von den Füßen fällt mir die Fessel,
der Haft von den Händen.

*

Der Mund ist der Häuptling
aller Sprachen,
der Hüter der Weisheit
und ein Trost den Weisen,
jedem edlen Krieger
Hoffnung und Glück.

*

Die Bucht ist der Pfad [Ausgangspunkt] der meisten Reisen;
doch die Scheide ist für Schwerter.

WEIHEHANDLUNG

Frage: Was bedeutet Einweihung für dich?

Werde dir der überpersönlichen Faktoren der Existenz bewußt, schließe Kontakt mit deinem Unbewußten/den „Göttern in dir". Erkenne, welches Wissen dir die Ekstase zu vermitteln mag und wage das Neue.

Stelle die Rune zur Unterstützung ekstatischer Arbeiten.

WEISSAGUNG

Positiv aspektiert: Inspiration; Weisheit; kluges Vorgehen; der Zauber des Worts; erhellende Gespräche; sprachliche und gedankliche Treffsicherheit; geistige Fruchtbarkeit; das Leben als Freudenlied.

Negativ aspektiert: Erkenntnisblockaden; unkluges Zerreden einer Sache; Rede- und Schreibhemmung; falsch gewählte Worte; geistige Unfruchtbarkeit; Versiegen des Inspirationsstroms; das Leben als Trauerklage.

Der Runenrat

Erkenne die Macht des Worts und des richtigen Gedankens. Laß die Inspiration zu, indem du dich ihr von ganzem Herzen öffnest. Lege alle Vorurteile ab.

RUNENMAGIE

Schutzmagie: Verwende die Rune zur Beschwörung deiner eigenen Schutzkräfte und zur Mehrung deiner Inspiration und Überzeugungskraft. Abwehr falscher Suggestionen anderer.
Heilungsmagie: Verwende die Rune bei Erkrankungen der Sprechorgane sowie zur Unterstützung heilender Suggestionen.
Talismantik: Glücksbringer für alle sprachlichen Vorhaben sowie für Inspiration und Weisheit. Ebenso Talismane zur Steigerung der Intuition und Sensitivität.

Die „Dichterrune" ANSUZ symbolisiert die göttliche Inspiration, die Offenbarung durch Ekstase. Der Gesang ist zugleich Beschwörung, der Mettrunk Odins wird zum Träger der Weisheit und der Erkenntnis. Sage ja zu deiner eigenen Ekstasefähigkeit. „Ekstase" bedeutet „aus sich heraustreten": Tritt heraus aus dem Gefängnis deiner Vorurteile ins junge Licht des neuen Tages. Der Kosmos hält noch viel Neues für dich parat, laß dich überraschen. Sei ein wahrer Dichter deines eigenen Lebens, lerne die Poesie der Gefühle und des Denkens. Überzeugungskraft beinhaltet stets, *von sich selbst* überzeugt zu sein. Sei auch dir selbst gegenüber suggestiv, *überzeuge dich selbst* von deinen Möglichkeiten, so wirst du nicht zuletzt auch Angst und die Furcht vor dem Tod überwinden.

AFFIRMATION

„Sprache und Eingebung sind meine Freunde."

DIE RUNE RAIDHO

DIE FORM

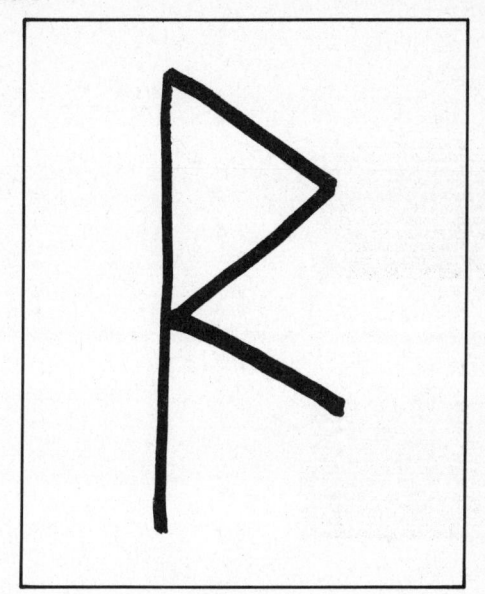

RAIDHO

DAS BILD

Das Rad
Der Sonnenwagen
Der Streitwagen

STICHWORTE

Rad; Sonnenrad; Kreislauf der Natur; Ordnung; Weg zum Ziel; Bewegung; Rhythmus; kosmische Zyklen; Tanz; Entwicklung.

DER RUNENVERS

Ein Fünftes kann ich: fliegt ein Pfeil gefährlich
übers Heer daher,
wie hurtig er fliege, ich mag ihn hemmen,
erschau ich ihn nur mit der Sehe.

*

Reiten ist in der Halle
jedem Krieger
ein leichtes, doch sehr schwierig
für jenen, der
auf einem kräftigen Pferd aufrecht sitzt
auf meilenlangem Wege.

*

Reiten ist gesegneter Sitz,
und schnelle Reise,
und die Mühsal des Pferdes.

WEIHEHANDLUNG

Frage: Wie stehst du zur Ordnung im Leben?

Meditiere über das Prinzip Ordnung und bestimme für dich die Bedeutung des Ausdrucks „rechte Ordnung". Erkenne die Gesetze des Kosmos und die Ordnung, die sie erschaffen.

Stelle die Rune in regelmäßigem Zyklus im Einklang mit der Bewegung der Sonne: zu Sonnenauf- und -untergang, mittags und mitternachts.

WEISSAGUNG

Positiv aspektiert: Bewußtsein für natürliche und richtige Vorgänge; Ordnung schaffen; Klarheit; Aufklärung; das natürliche Gesetz; Zugang zur inneren Führung; Erkennen des eigenen Rhythmus; Einswerden mit dem kosmischen Rhythmus; rechte Zeit.

Negativ aspektiert: mangelndes Gespür für wahre Ordnung; Pedanterie um ihrer selbst willen; Konfusion; Verstoß gegen natürliches Gesetz; Mangel an intuitiver Leitung; Rhythmusverletzungen; ungesundes Leben; falscher Zeitpunkt.

Der Runenrat

Erkenne deine eigenen und die kosmischen Rhythmen und lebe auch danach. Vermeide unheilbringende, verwirrende „Gesetzlosigkeit", bleibe dir selbst treu. Verstärke deine Beweglichkeit — Erstarrung ist Tod.

RUNENMAGIE

Schutzmagie: Verwende die Rune zur Abwehr verwirrungstiftender Einflüsse und zur Festigung der eigenen Mittigkeit.
Heilungsmagie: Verwende die Rune zur Wiederherstellung einer organischen Ordnung, die alle Bereiche umfaßt: den körperlichen, den geistigen und den seelischen Bereich.
Talismantik: Glücksbringer für Gerichtsverhandlungen und Reisen.

Die Rune RAIDHO steht für das wahre, gerechte Gesetz und für Ordnung aus Einsicht. Ordnung und Rhythmus bestimmen unser Leben, beide sind hochdynamische Faktoren. Ihr Mißbrauch führt zu erstarrten, überholten Formalismen und energetischem Stillstand. Dynamische, anpassungsfähige, lernfähige Ordnung ist das Fundament des Lebens, Recht und Gesetz sind die Spielregeln im kosmischen Tanz der Zyklen. Werden und Vergehen — das Auf und Ab der Elemente und der Lebenskräfte offenbart dir die Macht des Zyklus, die Macht des Rades und der Bewegung. Sei „ein Reiter auf kräftigem Pferde" — den Weg zu beginnen ist leicht, schwierig jedoch, bis zum Ende in aufrechter Haltung durchzuhalten. Übe Selbstzucht, indem du dir selbst gegenüber konsequent bist und bleibst. Verliere das Ziel nicht aus dem Auge, aber genieße auch den Weg dorthin.

AFFIRMATION

„Ich lebe im Einklang mit meiner eigenen und der kosmischen Ordnung."

DIE RUNE KENAZ

DIE FORM

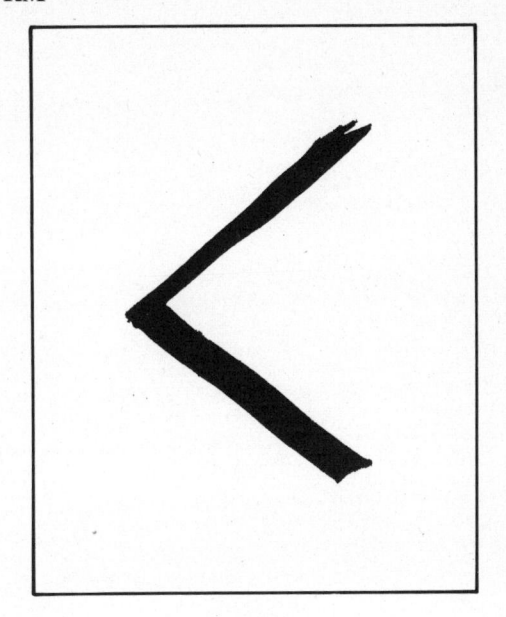

KENAZ

DAS BILD

Die Flamme
Die Fackel
beherrschtes Feuer
Verbrennung

STICHWORTE

Flamme; Verbrennung; das innere Feuer; Entzündung; Schwäre; Opferfeuer; Handlungsvermögen; Leidenschaft; Liebeslust.

DER RUNENVERS

Ein Sechstes kann ich, so wer mich versehrt
mit harter Wurzel des Holzes:
den andern allein, der mir es antut,
verzehrt der Zauber.

*

Die Fackel ist jedem Lebenden
durch ihr Feuer vertraut,
sie ist klar und hell,
sie brennt meistens,
wenn die Gemeinen
im Saale ruhen.

*

Brand ist der Kinder Unglück
und des Unglücks Weg
und des toten Fleisches Haus.

WEIHEHANDLUNG

Frage: Was tust du, um dein eigenes Schöpfungsfeuer zu schüren?

Entwickle Klarheit über die konstruktiven Aspekte deiner Leidenschaften und nutze sie zur Förderung deines Lebensganzen.

Stelle die Rune zur Beherrschung und Nutzung des inneren wie des äußeren Feuers.

WEISSAGUNG

Positiv aspektiert: kreatives, schöpferisches Feuer; rechte Begeisterung; Beherrschung feuriger Einflüsse; Transformation; Erneuerung; Reinigung; Willenskraft; Leidenschaft; Lust; Liebe; Vereinigung; Fruchtbarkeit; lebenserhaltende Wärme.

Negativ aspektiert: ersticktes Feuer; heimlicher Schwelbrand; Jähzorn; Wut; vernichtendes Feuer; Stocken der Lebenskraft; Schmerz; Qual; Selbstverzehrung; blinde Passion; sexueller Exzeß; Trennung; Vernichtung; lebensvernichtende Hitze.

Der Runenrat

Lerne, kreativ mit den Kräften des Feuers auf allen Ebenen umzugehen. Feuer kann Leben erhalten und es zerstören — von dir allein hängt es ab, wie du es nutzt.

RUNENMAGIE

Schutzmagie: Verwende die Rune als Abwehrzauber gegen unerwünschte Feuereinflüsse aller Art: von unbeherrschten Zornesausbrüchen bis zur physischen Feuersbrunst. Aktive Verteidigung gegen Angriffe.
Heilungsmagie: Verwende die Rune gegen Entzündungen, Vereiterungen, Brandwunden, überhohes Fieber und Erkrankungen im Genitalbereich.
Talismantik: Amulette gegen Brandausbrüche (auch gesundheitliche); Talismane für Kreativitätssteigerung; (sexueller) Liebesbringer.

Die Rune KENAZ symbolisiert das Feuermysterium in seiner tiefgehendsten Form: Leben und Tod ranken sich um diese Runenmacht, das eine geht aus dem anderen hervor. Suche das Feuer der Erneuerung und meide das (selbst-)zerstörerische Feuer der unkontrollierten Vernichtungslust. Auch du bist Prometheus: Du hast mit deiner Geburt den Göttern das Feuer entrissen und mußt nun zeigen, wie gut du damit umgehen kannst. Bestehst du diese Probe, wirst du einst selbst als Gott unter ihnen aufgenommen werden. Nicht durch das Löschen mit Wasser wird Feuer beherrscht (damit wird es nur — vorübergehend — vernichtet), sondern durch rechte Eindämmung und durch Gebrauch zur rechten Zeit am rechten Ort. Genieße die Ekstase der Sexualität und gestalte mit ihr auf schöpferische Weise dein

Leben. In dir ruht ebenso die Vernichtung wie die freundliche, lebensspendende Wärme: Erinnere dich selbst immer wieder an diese Verantwortung, die du damit trägst.

AFFIRMATION

„Ich erkenne meine schöpferischen Kräfte und nutze sie."

DIE RUNE GEBO

DIE FORM

GEBO

DAS BILD

Balken beim Hausbau
Gabe, Geschenk, Tauschgut

STICHWORTE

Geschenk; Tausch; Großzügigkeit; Wechselbeziehung; Umarmung; Treue; Gefolgschaft; Kreuzen der Hände; Vereinigung; Sexualmystik.

DER RUNENVERS

Ein Achtzehntes weiß ich, das ich aber nicht singe
vor Maid noch Mannesweibe,
als allein vor ihr, die mich umarmt,
oder sei es, meiner Schwester.
Besser ist, was einer nur weiß:
so frommt das Lied mir lange.

*

Das Geschenk ist für jeden Mann
Stolz und Lob,
Hilfe und Edeltum;
und jedem heimatlosen Abenteurer
ist es Gut und Nahrung
jenen, die nichts anderes haben.

WEIHEHANDLUNG

Frage: Wie erlebst du das Mysterium der Zweiheit in der Einheit?

Erkenne die Vielheit in der Einheit und die Einheit in der Vielheit.

Stelle die Rune bei Sonnenaufgang, um dich von den Gaben des Kosmos durchfluten zu lassen.

WEISSAGUNG

Positiv aspektiert: Ekstase; Vereinigung; Gelingen; Großzügigkeit; Überfluß; Hochzeit; Gastfreundschaft; Austausch von Energien und Gedanken; harmonische Zusammenarbeit; (sexuelle) Harmonie; förderlicher Zusammenschluß zum gemeinschaftlichen Erreichen eines Ziels.
Negativ aspektiert: Blockaden; Entzweiung; Scheitern durch Zwistigkeiten; Geiz; Mißgunst; Mangel; Scheidung; Unwirtlichkeit; aneinander vorbeireden; Disharmonien; Zank und Uneinigkeit beim Anstreben eines Ziels; sexuelle Verklemmtheit; gebremste Ekstase.

Der Runenrat

Erlebe die Ekstase der Großmut und der Freigebigkeit. Klammere dich an nichts – dann können die Energien ungehindert zum Wohle aller fließen.

RUNENMAGIE

Schutzmagie: Verwende die Rune zur Förderung des Zusammenhalts (von Partnern, einer Gruppe, eines Projekts). Schutz vor Hader und Zwietracht, die von außen gesät werden. Sexualmagische Operationen.
Heilungsmagie: Verwende die Rune zur Kräftigung der inneren Mittung und zur Auflösung von Blockaden; Energien fließen lassen.
Talismantik: Glücksbringer für inneren und äußeren Reichtum; Liebesbringer; Amulette gegen Erstarrung materieller Ansprüche.

Die Rune GEBO ist die Verkörperung der Großzügigkeit und der Gastfreundschaft. Freigebigkeit ist das Prinzip des Strömenlassens: Sei so unendlich erfüllt und reich wie der Kosmos selbst, dann werden dir auch alle seine Gaben zuteil. Durch Schenken und Geben legst du Kanäle des Überflusses frei. GEBO ist zudem das Mysterium der sexuellen Vereinigung zum Zwecke der Einweihung in das runische Weistum. Äußerst umsichtig aber gehe um mit dem Geschenk magischer Macht, das dir die Götter/dein Unbewußtes gemacht haben. Nutze es zum eigenen Wohle sowie zum Wohle aller. Schließlich achte und beachte die alchymische „Hochzeit" zwischen den Gegensätzen, erkenne zugleich ihre Einheit und ihre Verschiedenheit und erschaffe aus ihr etwas Neues, das nur du zu erschaffen imstande bist und nur du allein.

AFFIRMATION

„Die unendlich freigebigen Kräfte des Kosmos strömen durch mich hervor."

DIE RUNE WUNJO

DIE FORM

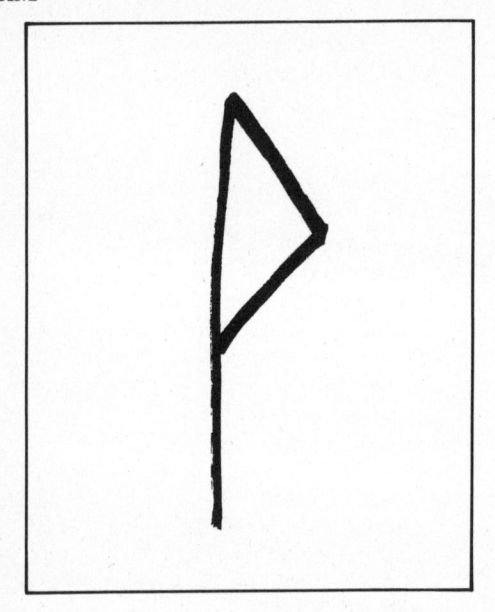

WUNJO

DAS BILD

Die Fahne
Sippenbanner

STICHWORTE

Freude; Vergnügen; Frohsinn; Anziehung; Sippe; Kameradschaft; Wohlwollen; Geschwisterliebe; Vereinigung von Gegensätzen.

DER RUNENVERS

*Freude haben jene,
die nur wenig Sorgen,
Schmerz und Trauer kennen,
und jener, der selbst
Macht und Segen hat,
und ein Haus, das gut genug.*

WEIHEHANDLUNG

Frage: Was tust du, um dir ein „Heim der Seele" zu erbauen?
 Befreie dein Selbst vom Leid und pflege Gedeihen, Freude und einen gesunden Körper.
 Stelle die Rune zur inneren „Heimatfindung" und zur Kräftigung des Körpers.

WEISSAGUNG

Positiv aspektiert: Fröhlichkeit; Vergnügen; Freude; Gedeihen durch Zusammenarbeit; Glück; Wohlbefinden; Kameradschaft; zuverlässige Freunde; Zusammengehörigkeitsgefühl; Überwindung von Gegensätzen; Harmonie; gelungene Bindung; Treue.
Negativ aspektiert: Mißmut; Niedergeschlagenheit; Trauer; Mißlingen durch mangelnde Bereitschaft zur Zusammenarbeit; Unglück; Unbehagen; Untreue; Entfremdung; Entwurzelung; Verlust des Gruppenhalts; Disharmonie; Entzweiung; Fesseln.

Der Runenrat

Pflege aktiv die Beziehung zur physischen wie zur seelischen „Sippe". Vernachlässige keine Freundschaften und bereinige etwaige Zwistigkeiten in deiner näheren Umgebung. Laß dich nicht herunterziehen, lebe fröhlich!

RUNENMAGIE

Schutzmagie: Verwende die Rune zur Steigerung deines Humors, des Frohsinns („frohen Sinns") und zur Abwehr von äußeren Störfeuern durch Lachen. In der Gruppe: Stärkung der Zusammengehörigkeit („Wir sind ein Wille").
Heilungsmagie: Verwende die Rune zur seelischen Aufheiterung und zur Förderung der Genesung durch Anheben der Gesundheitsmoral.
Talismantik: Ladung von Talismanen für Glück und Wohlbefinden; Amulette gegen Depressionen und Mutlosigkeit.

Die Rune WUNJO ist die fröhlichste Energie im Runenkosmos. Es ist der Frohsinn, der sowohl aus der Geborgenheit innerhalb der Gemeinschaft erwächst als auch aus der Zuversicht der inneren Gelassenheit und dem Unverhaftetsein. Wenn du der Entfremdung und Entwurzelung gegensteuerst, entfaltet sich aus deinem Inneren heraus die echte Heiterkeit, die das bewußte Erkennen der vielschichtigen Zusammenhänge und Verbindungen sogar zwischen unterschiedlichsten Dingen kennzeichnet. „Heilig" heißt „ganz" (engl. *holy* bzw. *wholly*): Laß Hand und Herz zusammenarbeiten, fördere den konstruktiven Zusammenhalt im Kollektiv, und sei es auch scheinbar noch so „klein" (Zweierbeziehung, Familie, Interessengemeinschaft, Arbeitskollegen), dann herrscht ein „heiliger" Zustand der Harmonie und des gemeinsamen Gelingens.

AFFIRMATION

„Ich erkenne die Beziehungen zwischen allen Dingen und schmiede daraus eine fruchtbare Einheit."

DIE RUNE HAGALAZ

DIE FORM

DAS BILD   HAGALAZ

Schneeflocke, Hagelkorn
Eis-Ei
Ursame

STICHWORTE

Hagel; Samen; Ei; Urschöpfung; Keimung; Schutz; Bann; Vollkommenheit; Gleichgewicht der Kräfte; Evolution; mystisches Wissen; Offenbarung.

DER RUNENVERS

Ein Siebentes weiß ich, wenn hoch der Saale steht
über den Leuten in Lohe,
wie weit sie schon brenne, ich berge ihn noch:
den Zauber weiß ich zu zaubern.

*

Hagel ist das weißeste Korn,
er kommt hoch vom Himmel herab,
Windschauer schleudern ihn,
dann wird er zu Wasser.

*

Hagel ist ein kaltes Korn
und ein Graupelschauer
und die Krankheit von Schlangen.

WEIHEHANDLUNG

Frage: Was tust du, um deinen Kontakt zum Urgrund des Seins zu erhalten oder wiederherzustellen?
Meditiere über die Keimung der ewigen Harmonie des Kosmos.
Stelle die Rune nach Belieben, wann immer es dich nach Erkenntnis des Weltganzen drängt.

WEISSAGUNG

Positiv aspektiert: reiches Gedeihen; Entwicklung neuer Möglichkeiten; Schutz; Geborgenheit; Gleichgewicht der Kräfte; Vollkommenheit; gesunde, harmonische Struktur; Keimen der Saat; Evolutionspotential; Fruchtbarkeit.
Negativ aspektiert: Verwüstung; Vereisung der Gefühle; Kältekatastrophe; Unnahbarkeit; Erfrieren; Erstarrung der Struktu-

ren; energetischer Stillstand; tote Perfektion; Ersticken aller Entwicklung; zerstörtes Saatgut; Unfruchtbarkeit.

Der Runenrat

Erkenne die Strukturen des Ganzen, das Lodern im Eis, das Frieren im Feuer. Vorsichtige Handhabung konträrer Energien führt zu großen Entwicklungen.

RUNENMAGIE

Schutzmagie: Verwende die Rune für den Schutz deiner eigenen Person und aller dir nahestehenden Menschen; ebenso für die Sicherung des Besitzstandes. Wenn es sein muß, setze sie zur aktiven Verteidigung ein („Hagelzauber").
Heilungsmagie: Verwende die Rune zur Wiederherstellung der persönlich-kosmischen Harmonie, deren Störung die Erkrankung anzeigt. Gebäre Heilungskräfte mit Hilfe der HAGAL-Rune. Allgemeine Harmonisierung der feinstofflichen Körperenergien.
Talismantik: Talismane für jegliches Gedeihen; Amulette zur Abwehr von Angriffen und Katastrophenenergien, die „an die Substanz" gehen.

HAGAL ist die „Mutter der Runen", denn aus ihr lassen sich alle anderen Runen entwickeln. Aus der Vereinigung von Feuer und Eis entstand den nordischen Mythen zufolge die Schöpfung. HAGAL vereint sie beide – wie alles andere – in sich und fügt sie zu einem harmonischen Ganzen. Strebe auf heitere Weise nach dieser Vollkommenheit, ohne daraus einen Leistungszwang zu machen. Denn was große Vereinigung bewirkt, kann, falsch verstanden oder gebraucht, umgekehrt auch katastrophale Auswirkungen haben. Die Rune HAGAL ist aufgrund ihrer gewaltigen Macht Fluch und Segen zugleich: Sie richtig zu handhaben, ist hier von allen Runen am schwierigsten – und am erfüllendsten. In der Arbeit innerhalb der Beschränkung des Allgeheges zeigt sich der wahre Runenmeister. Eine Rune, die Großes vermag und Großes verlangt. Begegne ihr stets mit Ehrfurcht und Umsicht!

AFFIRMATION

„Ich bin Teil der kosmischen Urkeimung."

DIE RUNE NAUDHIZ

DIE FORM

NAUDHIZ

DAS BILD

Flut- und Bugwelle
Feuerbohrer
Reibefeuer

STICHWORTE

Flut; Reibefeuer; Schicksal; Not; Mangel; Elend; Zwang; Widerstand; Reibung; Erlösung; Schlichtung; Erfindungsgabe.

DER RUNENVERS

Ein Achtes weiß ich, das allein wäre
nützlich und nötig:
wo unter Helden Hader entbrennt,
da mag ich schnell ihn schlichten.

*

Not beklemmt die Brust,
wenngleich sie den Menschenkindern dennoch oft
Hilfe und Erlösung wird,
wenn sie sie beizeiten beachten.

WEIHEHANDLUNG

Frage: Wie gut verstehst du den Sinn von Mangel und Entbehrung?

Lege jedes Schwarzweißdenken ab und erkenne, daß alles ineinanderspielt: Die Fülle und die Entbehrung, der Überfluß und der Mangel, Glück und Unglück, Leben und Tod.

Stelle die Rune nicht nur in Zeiten innerer oder äußerer Not, sondern gerade auch dann, wenn es dir besonders gut geht. Nicht etwa, um deine gute Laune zu dämpfen, sondern um stets das Ganze im Auge zu behalten, das Auf und Ab des Schicksals.

WEISSAGUNG

Positiv aspektiert: Ende eines Streits; Schlichtung; Erhalt der Ordnung; Kreativität in der Beschränkung; konstruktiver Druck; Aktivierung formender Kräfte; Befreiung von Zwängen; Widerstandskraft.

Negativ aspektiert: Not; Widerstand; Reibung; Hader; Elend; Auflösung der Ordnung; Niedergeschlagenheit; erdrückende Zwänge; Schwächung; Mangel an Manifestationsmöglichkeiten.

Der Runenrat

Nütze dein Schicksal, widerstrebe ihm nicht! (Guido von List)

RUNENMAGIE

Schutzmagie: Verwende die Rune zur Schlichtung von Streit und zur Besänftigung von Haß und Abneigung; ferner zum Abwenden jeglicher Not und von Leid; aktive Verteidigung durch Schwächung und Auszehrung des Angreifers.
Heilungsmagie: Verwende die Rune zur Abwehr und Verhinderung von Krankheiten aller Art sowie der negativen Begleitumstände von Erkrankungen (Depressionen, Mattheit, äußere Not usw.)
Talismantik: Verwendung zur Liebesmagie; Abwehr von Mangel und Elend; Stärkung der Intuition; Schutz und Abhärtung.

Die Rune NAUDHIZ (die sogenannte „Not"-Rune) ist in gewissem Sinne eine „Verstümmelung" der HAGALAZ-Rune in ihrer „stabilen", jüngeren Form: ᚺ ᚾ ᚺ . Wo HAGALAZ Fülle ist, stellt NAUDHIZ die Beschränkung dar. Doch ist die Not bekanntlich oft die beste Lehrmeisterin. Durch Not können Gemeinschaften gefestigt werden, in der Not zeigt sich, welche Energien du wirklich zu mobilisieren imstande bist, hier zeigt sich, was tatsächlich in dir steckt. („Not macht erfinderisch.") Allzuoft sehen wir in der Not nur einen unerwünschten „Schicksalsschlag" — bedenke daher, daß in Zeiten der Not oft ein Großteil der Kräfte entsteht und erprobt wird, die essentiell sind für ein selbstbestimmtes Leben. Wende also die Not ab, so gut du kannst, aber nutze sie als wichtige Lernphase, wenn dir das nicht gelingt. Auch deine Not suchst nur du allein dir aus!

AFFIRMATION

„Ich nutze mein Schicksal."

DIE RUNE ISA

DIE FORM

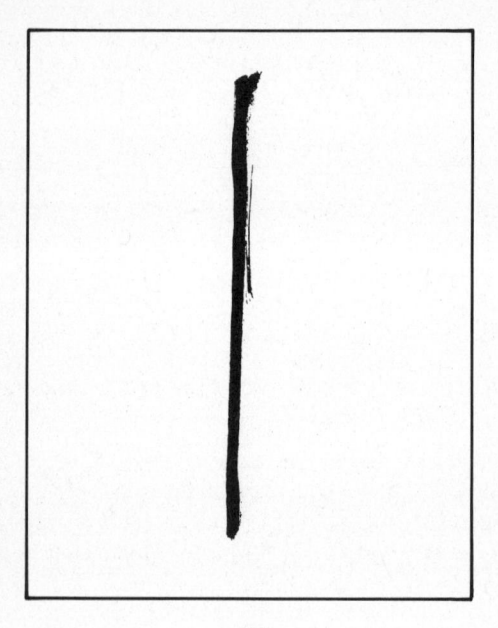

ISA

DAS BILD
Eis
Eiszapfen
Urmaterie

STICHWORTE
Eis; Urmaterie; Urstrom; Ursprung; Stille; Empfang; Sendung; das All-Ich; Schwarzes Loch.

DER RUNENVERS

Ein Neuntes weiß ich, wenn Not mir ist,
vor der Flut das Fahrzeug zu bergen,
so wend ich den Wind von den Wogen ab
und beschwichtige rings die See.

*

Eis ist sehr kalt
und außerordentlich glatt;
es glitzert, klar wie Glas,
ganz wie Edelsteine,
ein Boden aus Frost
ist schön anzusehen.

WEIHEHANDLUNG

Frage: Was tust du, um kosmische Energien zu empfangen und zu senden?

Mach dich empfänglich für feinstoffliche Wahrnehmung und meditiere über den Kosmos als Gewebe feinstofflicher Energien.

Stelle die Rune an drei aufeinanderfolgenden Tagen und Nächten auf einem Berggipfel sowohl zu Sonnenauf- als auch -untergang, in der Mittagszeit und um Mitternacht. Werde zum Sender und Empfänger kosmischer Energien.

WEISSAGUNG

Positiv aspektiert: Gespür für unterschwellige Zusammenhänge; schwieriger, aber gelungener Übergang von einem Zustand in einen neuen; Expansion durch Konzentration; Selbstbeherrschung; Stärkung des Selbstbewußtseins; Zusammenhalt; Einflußmöglichkeiten.
Negativ aspektiert: Kältetod der Lebenskräfte; energetischer Stillstand; mißglückter Wechsel; kurzsichtige Egozentrik; Stumpfsinnigkeit; Blindheit; Erstarrung bei Bedrohung; Willensschwäche; Verblendung; Fehlplanung; Verlust und Mangel; arhythmisches Verhalten; Einflußlosigkeit.

Der Runenrat

Erkenne wahre Sachverhalte und laß dich nicht vom schönen Äußeren täuschen. (Auch nicht bei dir selbst!) Dann kannst du die Kraft der Rune konstruktiv zur Erlangung deiner Ziele (allein und im Kollektiv) nutzen.

RUNENMAGIE

Schutzmagie: Verwende die Rune zur Konsolidierung deiner Situation und zur Abwehr lähmender, „vereisender" Einflüsse. Herstellung von Ruhe und regenerierender Stille.
Heilungsmagie: Verwende die Rune zur Wiederbelebung „erfrorener" Lebenskräfte und zur Korrektur „entgleister" Zustände; ebenso, um überaktive Feuerkräfte zu dämpfen.
Talismantik: Glücksbringer für das Gelingen angesichts widriger Umstände; Amulette gegen Lähmung durch widrige Umstände.

Die Rune ISA stellt die Konzentration auf das Wesentliche dar, wie es im Bild vom kosmischen Eis gezeigt wird. Eis ist sowohl schön („klar wie Glas, ganz wie Edelsteine") als auch trügerisch und gefährlich: vermeide jede Form des „Kältetods". Andererseits wirst du ISA auch als Dunkelrune erfahren *müssen*, wenn du ein wirklich reiches, erfülltes Leben führen willst, das nicht durch ausschließliches, klischeehaftes „Streben nach dem Positiven" verzerrt wird. Das Runenuniversum ist weder „gut" noch „böse": Im Spannungsfeld zwischen dem expansiven, verzehrenden Feuer und dem kontraktiven, erfrierenden Eis findet alles Leben statt, das makro- wie das mikrokosmische. ISA fordert die Erkenntnis innerer Zusammenhänge. Verschließe dich deinen Problemen nicht, denn an ihnen kannst du in ungeahnte Höhen wachsen. Versuche, sowohl die positive als auch die negative Seite aller Dinge zu sehen. Übergänge werden manchmal von großen Schwierigkeiten begleitet – sei beharrlich und furchtlos. Dann werden dich die Kräfte des Kosmos unbegrenzt dabei unterstützen, zu deinem wahren Kern zu finden.

AFFIRMATION

„Ich erkenne die Schönheit des Eises."

DIE RUNE JERA

DIE FORM

JERA

DAS BILD
Das Sonnenjahr
Die Ernte
Die Vermählung von Himmel und Erde

STICHWORTE
Jahreslauf; Ernte; gute Zeit; Lebenszyklus; Fruchtbarkeit; Harmonie; gesunder Rhythmus.

DER RUNENVERS

Ein Zehntes kann ich, wenn Zaunreiterinnen
durch die Lüfte lenken,
so wirk ich, daß sie wirre zerstäuben
und als Gespenster schwinden.

*

Ernte ist die Hoffnung der Menschen,
wenn Gott,
heiliger König des Himmels,
der Erde gestattet,
ihre strahlenden Früchte zu bescheren
den Edlen und den Bedürftigen.

WEIHEHANDLUNG

Frage: Wann hast du zum letztenmal bewußt die Jahreszeiten wahrgenommen?

Erkenne die Zyklen des Kosmos und deine eigene Stellung darin. Bestimme, wann es für dich Zeit ist zu säen, und wann du ernten darfst.

Stelle die Rune ein Jahr lang jeweils zum Jahreszeitenwechsel und achte auf den Jahreslauf des Sonnenrads.

WEISSAGUNG

Positiv aspektiert: gute Zeit; Ernten der Früchte früherer Bemühungen; Handeln im Einklang mit natürlichen, organischen Gesetzen; Kreativität; Fruchtbarkeit; Belohnung; Entwicklung.
Negativ aspektiert: falsche Zeitplanung; Verlust durch falsches Handeln; Mißachtung natürlicher, organischer Zyklen; pedantisches Beharren auf überholten Zeitplänen; Ernteschäden; Stagnation.

Der Runenrat

Durch rechtes Tun zur rechten Zeit sicherst du Fortbestand und Gewinn. Ernte, was du gesät hast. Das bedeutet aber auch: Stehe für die Konsequenzen deines Tuns gerade.

RUNENMAGIE

Schutzmagie: Verwende die Rune zur Förderung deiner Projekte und zur Sicherung der Ernte. Ebenso zur sanften Herstellung von Frieden und Harmonie.
Heilungsmagie: Verwende die Rune zur Wiedererlangung eines gesunden Bezugs zu den natürlichen Zyklen; Korrektur organischer Verirrungen; Erdung.
Talismantik: Glücksbringer für längerfristige Unternehmungen; Amulette zur Abwehr von „Ernteschäden" aller Art.

Die Rune JERA verkörpert den Jahreszyklus der Sonne und auch ganz allgemein der gesamtkosmische Zyklus. Richtiges, der Situation und ihren Gesetzen angepaßtes Verhalten in der Vergangenheit wird nun durch entsprechende Ernte belohnt. Genieße die Früchte deines Tuns und lege hinreichend „Saatgut" zurück, um auch im nächsten Jahr reich ernten zu können. Erkenne die Zyklen der Natur und forciere nichts, wenn Ruhe angezeigt ist, handle aber (auch unter Überwindung eigener Trägheit und Lustlosigkeit), wenn die Zeit des Tuns gekommen ist. Möglicherweise wirst du nun mit großzügigen Menschen zusammentreffen, die deine Vorhaben unterstützen. Dann sei aufgeschlossen und empfänglich, überstürze nichts, lasse dich selbst aber auch nicht zu überstürzten Entscheidungen drängen. Dann wirst du deinen inneren und äußeren Reichtum mehren.

AFFIRMATION

„Ich ernte stets die reichen Früchte meines Tuns."

DIE RUNE EIHWAZ

DIE FORM

EIHWAZ

DAS BILD

Die Eibe
Der Weltenbaum

STICHWORTE

Eibe; Weltenbaum; Verbindung; Weisheit; Vereinigung von Leben und Tod; ewiges Leben; Einweihung; Ausdauer; Schutz.

DER RUNENVERS

Ein Sechzehntes kann ich, will ich schöner Maid
in Lieb und Lust mich freuen,
den Willen wandel ich der Weißarmigen,
daß ganz ihr Sinn sich mir gesellt.

*

Eibe ist von außen
ein rauher Baum
und hart, fest im Boden verankert,
Hüter des Feuers,
von Wurzeln gestützt,
Freude des Anwesens.

WEIHEHANDLUNG

Frage: Um was dreht sich für dich das Leben?
Befasse dich mit den „großen Fragen" des Daseins und damit, was du im Leben wirklich willst.
Stelle die Rune nur nach sorgfältiger meditativer Vorbereitung, am besten im Rahmen eines kleinen Exerzitiums, bei dem du dich eine Weile vom Alltagstrubel zurückziehst.

WEISSAGUNG

Positiv aspektiert: Kraftzuwachs; Einweihung in bisher Unerkanntes; Ausdauer; Zufriedenheit; Schutz vor unerwünschten Fremdeinflüssen; Selbstdisziplinierung; Beharrlichkeit; Triebfreude; Erfolg.
Negativ aspektiert: Schwächung; Verwirrung; Täuschung; Unzufriedenheit; ausgeliefert sein; Willensschwäche; Disziplinlosigkeit; Mangel an Ausdauer; Triebhaftigkeit; Scheinerfolg.

Der Runenrat

Strebe in allem die Vollendung an und bedenke das Ende. Entlarve die Täuschung und finde Zufriedenheit im Erkennen deiner wahren Ziele.

RUNENMAGIE

Schutzmagie: Verwende die Rune als starken Schutz vor fremden Zaubern („Vor Eiben kann kein Zauber bleiben"); ebenso, um ungewollte Einflüsse zu bannen sowie zur aktiven Verteidigung, wobei du genau dosieren solltest, um eine überzogene Wirkung zu vermeiden.
Heilungsmagie: Verwende die Rune, um zu erfahren, welche schicksalhaften Faktoren zur Erkrankung geführt haben (psychosomatische Ursachenforschung).
Talismantik: Talismane für Liebesmagie und Bindungszauber; Amulette gegen Täuschung und Verwirrung.

Die Rune EIHWAZ stellt die vertikale Achse des Weltenbaums dar, das ordnende Prinzip, um das sich alle Schöpfung rankt. Ihre Kraft zu erkennen bedeutet, die eigene Bestimmung zu finden. Gehe bei deiner Suche nach deinem persönlichen Lebenssinn in die Tiefe und gib dich nicht mit oberflächlichen Erklärungen zufrieden. Nur du selbst kannst zur eigenen Wahrheit gelangen, kein Meister und kein Lehrer kann dir diese Aufgabe abnehmen. Werde, der du bist! Entlang der Eibensäule steigt der runische Schamane in die Welten höherer, übergeordneter Erkenntnis empor: Hier steht dein Tor zum Transpersonalen. Das ewige Leben in Form der ewigen Wiederkehr aller Dinge: Dies ist die Frucht der „giftigen" Eibe, deren Ausdünstungen sowohl Offenbarungen als auch Täuschungen bescheren können. Erkenne, daß Leben und Tod eins sind, dann werden Angst und Trug von dir weichen.

AFFIRMATION

„Ich erkenne meine wahre Bestimmung."

DIE RUNE PERTHRO

DIE FORM

PERTHRO

DAS BILD
Los- oder Würfelbecher
Norne/Schicksalsgöttin
Zeit

STICHWORTE

Losbecher; Schicksalsspruch; Gesetz von Ursache und Wirkung; „Karma"; Gleichzeitigkeit allen Geschehens; Zeit.

DER RUNENVERS

Die Losschachtel ist stets
Spiel und Gelächter
unter kühnen Männern,
wo die Krieger
im Biersaal
froh beisammen sitzen.

WEIHEHANDLUNG

Frage: Was tust du, um deine Bestimmung zu erkennen?
Meditiere über die Gleichzeitigkeit allen Geschehens. „Schicksal" (altnordisch: *Ørlög*) ist nicht unbeugsame Vorherbestimmung, sondern das kosmische Gesetz von Ursache und Wirkung.
Stelle die Rune zur Offenbarung der Faktoren, die dein Schicksal bestimmt haben und noch immer bestimmen.

WEISSAGUNG

Positiv aspektiert: Glück; „schicksalhafte" Fügung; Wissen um Ursachen und Wirkungen; Geselligkeit; Wachstum; gute Zeitqualität; günstiger Zeitpunkt; Befreiung.
Negativ aspektiert: Vernichtung durch Genußsucht; „grausames" Schicksal; Verwechslung von Ursachen und Wirkungen; Einsamkeit; Stagnation; ungünstige Zeitqualität; Befangenheit.

Der Runenrat

Erkenne das Wirken der Nornen (Schicksalsmächte) und verschließe nicht die Augen vor schicksalhaften Fügungen. Die Zeit ist eine flüchtige Illusion. Wenn du versuchst, sie in ein starres Schema zu pressen, wird sie sich dir verweigern.

RUNENMAGIE

Schutzmagie: Verwende die Rune zur Herbeiführung günstiger Zeitpunkte für ein Vorhaben; Weissagung zum Erkennen von Einflußfaktoren.
Heilungsmagie: Verwende die Rune zur Aufheiterung und Aktivierung der Lebensgeister, und um die „Musik des Lebens" zu vernehmen.
Talismantik: Förderung von grundsätzlichen, „in die Tiefe gehenden" Projekten; Förderung der Weissagungsfähigkeiten; Erkennen der eigenen Bestimmung.

PERTHRO ist die „Schicksalsrune" im nordischen Sinne. Das Spinnen der drei Nornen der „Vergangenheit", „Gegenwart" und „Zukunft" verkörpert sich in dieser Glyphe, ohne jedoch unabwendbare „Vorherbestimmtheit" zu meinen. Erkenne den kosmischen Plan des Werdens. „Dies ist der Lohn von jenem, man tadele das Schicksal nicht." Blicke in die Tiefen deines Seins und erkenne dich selbst als *Ursachengeber*, damit du nicht länger bloßer *Wirkungsempfänger* bleibst. Schwimme stets mit dem Strom − solange es *dein eigener* Strom ist! Kompromißlose Nutzung der dir gegebenen Zeit führt in die Ewigkeit des Jetzt und zu seinem unerschöpflichen Kraftspeicher. Indem du dein Bewußtsein in die Bereiche jenseits von Zeit und Raum eintreten läßt, wirst du zum Schmied deines eigenen Schicksals.

AFFIRMATION

„Jeder Augenblick ist eine Ewigkeit."

DIE RUNE ELHAZ

DIE FORM

ELHAZ

DAS BILD
Die Hörner des Elchs
Die Wurzeln und das Astwerk des Baumes
Ein fliegender Schwan

STICHWORTE
Elch; Schutz; Eibe; Eibenbogen; Erhabenheit; die kosmische Antenne; Kontakt zum Überpersönlichen; Kraft; Glück; Lebenskraft.

DER RUNENVERS

Ein Fünfzehntes kann ich, das Volkrötir, der Zwerg,
vor Dellungs Schwelle sang;
den Asen Stärke, den Alben Gedeihn,
hohe Weisheit dem Hroptatyr.

*

Des Elchs Riedgras hat seine Heimat
meist im Sumpf,
es wächst im Wasser
und verwundet grimmig
und rötet [„brennt"] mit Blut
jeden Mann,
der auf beliebige Weise
versucht es zu greifen.

*

Der Mensch ist die Freude des Menschen
und die Mehrung des Staubes
und die Zier der Schiffe.

WEIHEHANDLUNG

Frage: Was tust du, um dich mit dem Kosmos „kurzzuschließen"?

Blicke über den Tellerrand deines Alltagslebens, werde eins mit dem Überpersönlichen.

Stelle die Rune bei Sonnenaufgang auf einem Berggipfel und/oder meditiere mit ihr über deine Stellung im Weltganzen.

WEISSAGUNG

Positiv aspektiert: glückliches Gelingen eines Vorhabens; Schutz und Kraft durch Offenheit für das Außen; Gesundung; Wohlstand.

Negativ aspektiert: scheitern durch Selbstabkapselung; Schwächung durch Mißbrauch der Kraft; Minderung; Vereinsamung; Leid.

Der Runenrat

Werde aktiv und laß dich von den Kräften des Kosmos durchfluten. Das kosmische Selbst verleiht dir intuitive Erkenntnis, lausche auf die innere Stimme. Großzügigkeit bringt Mehrung für alle.

RUNENMAGIE

Schutzmagie: Verwende die Rune zur Abwehr unerwünschter Einflüsse und zur Stärkung deines Kreises; Verteidigung durch den zu deinen Schutzwesen hergestellten Kontakt.
Heilungsmagie: Verwende die Rune zur energetischen Aufladung bei der Selbstheilung und zur Heilung anderer; Bestrahlung mit der ELHAZ-Rune.
Talismantik: Glücksbringer für Wohlstand und Weisheit.

Die Rune ELHAZ ist das Symbol der Wiedergeburt und der Erneuerung. Mensch und Menschheit vereint im Bewußtsein um ihren kosmischen Auftrag – werde eins mit dir selbst! Indem du dich in Einklang mit deiner Umgebung und deinem wahren Willen bringst, erlangst du Kraftzuwachs, materielle und spirituelle Mehrung, wirst zur „Antenne" transpersonaler Energien. Die Kontaktschaltung zum kollektiven Unbewußten führt dich über die Grenzen des Alltags-Ich hinaus. Du kannst mehr, als du jetzt glauben magst, denn du stehst nicht allein. Das Wissen der Menschheit und der Ahnen steht dir zur Verfügung, du muß dich nur dafür öffnen.

AFFIRMATION

„Ich bin Teil des kosmischen Ganzen und werde vom Strom der Einheit getragen."

DIE RUNE SOWILO

DIE FORM

SOWILO

DAS BILD

Sonne
Sonnenrad

STICHWORTE

Sonne; Wille; Lebenskraft; Sieg; Gelingen; Erfolg; Hoffnung; Ehre.

DER RUNENVERS

*Ein Elftes kann ich, wenn ich zum Angriff soll
die treuen Freunde führen,
in den Schild sing ich's, so ziehen sie siegreich,
heil in den Kampf, heil aus dem Kampf,
bleiben heil, wohin sie ziehn.*

*

*Die Sonne wird von Seeleuten
stets erhofft,
wenn sie weit hinausfahren
über's Bad der Fische,
bis sie den Wogenhengst
an Land bringen.*

WEIHEHANDLUNG

Frage: Wie verbindest du die Kräfte von Himmel und Erde in deinem Leben?

Meditiere über das siegreiche Rad der Sonne, das jeden Tag aufs neue aufgeht und versinkt, das Prinzip von Kommen und Gehen.

Stelle die Rune bei Sonnenaufgang und laß dich von der Kraft der Sonnenstrahlen durchfluten.

WEISSAGUNG

Positiv aspektiert: Ziel in Aussicht; gute Reise; weise Führung; Grund zur Hoffnung; Bewegung; Wissenszuwachs; Willensstärke; Konsequenz; Klugheit; Sieg; Erfolg; Tatkraft; Spontaneität.

Negativ aspektiert: Ziellosigkeit; blinder Aktionismus; schlechte Reise; unkluge Führung; Stillstand; geistige Erstarrung; Willensschwäche; Inkonsequenz; Niederlage; Scheitern; Trägheit; Tretmühle.

Der Runenrat

Erkenne die wahren Stärken und Schwächen der Situation, deiner selbst und die deiner Partner, und berücksichtige sie in deiner Planung. Lausche dem Rat deiner inneren Stimme und handle danach.

RUNENMAGIE

Schutzmagie: Verwende die Rune zur Durchsetzung deines magischen Willens im Einklang mit deiner Bestimmung und deinen Möglichkeiten. Abwehr von lebensbedrohenden, die Vitalität angreifenden Einflüssen. Schutz von Gruppenvorhaben.
Heilungsmagie: Verwende die Rune zur Harmonisierung und Stärkung der Chakras (altnordisch: *hvel*).
Talismantik: Talismane zur Stärkung von Geist, Seele und Körper (Kraftspeicher).

Die Rune SOWILO steht für die Dynamik des Sonnenprinzips, das in der indogermanischen Geisteswelt als *weiblich* gesehen wird. Das Sonnenrad symbolisiert das unentwegte, zielgerichtete Strömen der Kräfte. Hier drückt sich der magische Wille des Kosmos aus: Werde eins mit ihm, dann hast du den stärksten Verbündeten, den du bekommen kannst. Bejahe das Strahlen der wärmenden Kraft, sei selbst warmherzig und zugleich entschlossen. Finde den gesunden Mittelweg zwischen Milde und unerbittlicher Konsequenz. Vermeide jede Grausamkeit gegen andere – und auch dir selbst gegenüber. Es ist genug für jeden da, denn die Sonnenkraft ist unerschöpflich. Daher übe dich in Großzügigkeit auf allen Ebenen und stähle Willen und Tatkraft.

AFFIRMATION

„Ich bin eins mit meinem Willen."

DIE RUNE TIWAZ

DIE FORM

TIWAZ

DAS BILD

Das Himmelsdach, der Stern
Speerspitze
Ruhm

STICHWORTE

Der Gott Týr; Recht; Gesetz; Selbstaufopferung; Gerechtigkeit; Ordnung; gerechter Sieg.

DER RUNENVERS

Ein Zwölftes kann ich, wo am Zweige hängt
vom Strang erstickt ein Toter,
wie ich ritze das Runenzeichen,
so kommt der Mann und spricht mit mir.

*

Týr ist ein Stern,
von Treue
den Edlingen,
stets auf seiner Bahn
über den Nebeln der Nacht
trügt er nie.

*

Týr ist der Einhändige unter den Asen;
der Schmied muß oft blasen.

WEIHEHANDLUNG

Frage: Was tust du, um auf aktive Weise für Gerechtigkeit einzutreten?

Meditiere über das „Gegensatz"-Paar Geist/Materie und versuche, die diese Spannung ausmachenden „Widersprüche" zu verstehen und zu harmonisieren.

Stelle die Rune in Zeiten des Konflikts, um im Einklang mit dem kosmischen Gesetz zu handeln.

WEISSAGUNG

Positiv aspektiert: Treue; Vertrauen; sichere Gefolgschaft; gerechtes Urteil; verdienter Sieg; Ordnung schaffen; Selbstaufopferung; Zuverlässigkeit; methodisches Vorgehen.
Negativ aspektiert: Untreue; Vertrauensmißbrauch; unzuverlässige Gefolgschaft; Verkopfung; Ungerechtigkeit; Ungleichgewicht; unnützes Selbstopfer; Durcheinander.

Der Runenrat

Übe und verlange selbst Treue auch in schwierigen Zeiten. Zuverlässigkeit und Vertrauenswürdigkeit sind gefordert, wenn die Gerechtigkeit siegen soll.

RUNENMAGIE

Schutzmagie: Verwende die Rune zur Förderung der Gerechtigkeit und der Loyalität. Abwehr von Mißtrauen und Hader. Aktive, kämpferische Verteidigung.
Heilungsmagie: Verwende die Rune zur Offenbarung der „inneren Gesetzmäßigkeiten" und der Notwendigkeit der Erkrankung (heilen durch Erkennen).
Talismantik: Förderung des Zusammenhalts; Sieg im Kampf; Amulette gegen Konflikte.

Die Rune TIWAZ stellt nach einer gängigen Deutung das von der Weltensäule Irminsul gestützte Himmelsdach dar. Nur wenn die Energien des Himmels im Gleichgewicht mit denen der Erde stehen, kann das Leben gedeihen. Stelle in dir selbst und in deiner Umgebung diese Harmonie (wieder) her. Zudem gilt Týr, dem diese Rune zugeordnet ist, als Gott des Krieges: Sieg in kämpferischen Auseinandersetzungen ist angezeigt, sofern du in der Vergangenheit „gerecht", also deinen eigenen und den kosmischen Gesetzen entsprechend gehandelt hast. Erwarte keine mühelosen Fortschritte. Die Botschaft dieser Rune lautet „gerechter Kampf", der Anstrengung und Treue gegenüber den eigenen Prinzipien erfordert.

AFFIRMATION

„Mein Schild ist die Gerechtigkeit."

DIE RUNE BERKANO

DIE FORM

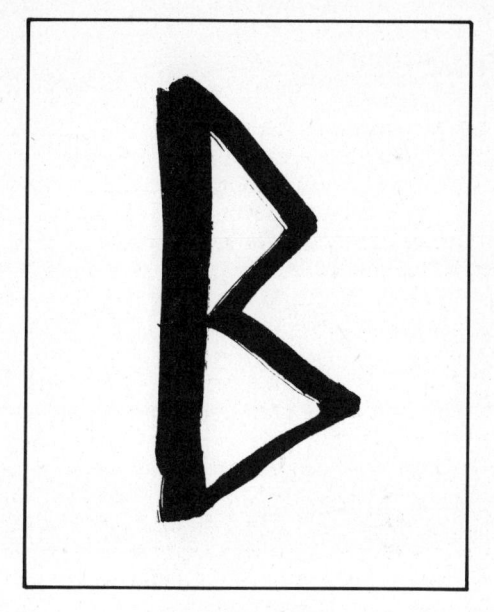

BERKANO

DAS BILD

Die Birke
Die Brüste der Erdmutter

STICHWORTE

Birke; Brüste; Erdmutter; Mutterschaft; Frieden; Fruchtbarkeit; Menschenopfer; Sein und Werden; das Empfangende; das Bergende; Behausung.

DER RUNENVERS

Ein Dreizehntes kann ich, soll ich ein Degenkind
mit Wasser bewerfen,
so mag er nicht fallen im Volksgefecht,
kein Schwert mag ihn versehren.

*

Die Birke ist ohne Frucht,
dennoch trägt sie
Glieder ohne fruchtbaren Samen;
sie hat schöne Äste,
hoch auf ihrem Wipfel
ist sie prachtvoll bedeckt,
beladen mit Blättern,
den Himmel berührend.

WEIHEHANDLUNG

Frage: Was tust du, um täglich wiedergeboren zu werden?

Meditiere über das Prinzip der Erdmutter in ihrem lichten, Freude spendenden und in ihrem dunklen, schrecklichen Aspekt.

Stelle die Rune zur Kontaktschließung mit der Erde und um das wahre Wesen der Natur zu erkennen.

WEISSAGUNG

Positiv aspektiert: Energiebündelung und -bewahrung; Neuanfang; langsame Veränderungen; Wohlstand; Erdung; Schutz; Geborgenheit; Raffinesse; Empfänglichkeit; Fruchtbarkeit; Schutz vor Enthüllung; Realismus.
Negativ aspektiert: Energieverlust und -vergeudung; stockende Entwicklung; Erstarrung; Mittellosigkeit; Borniertheit; Betrug; Selbsttäuschung; Gerissenheit; blockierte Empfangsbereitschaft; Heimlichkeiten; Phantasterei.

Der Runenrat

Wohlstand heißt: „Es steht wohl um dich." Pflege den Kontakt zur Erde in jeder Hinsicht: körperlich, geistig, seelisch.

RUNENMAGIE

Schutzmagie: Verwende die Rune zur Stärkung des Schutzes und zur Sicherung des „Hauses" im weitesten Sinne, also des gesamten persönlichen Umfelds (Revierschutz).
Heilungsmagie: Verwende die Rune zur Erhöhung der physischen Standfestigkeit und um Knochengerüst und Muskulatur, Widerstandskraft und Beharrungsvermögen zu stärken. Richtiges „Stehen" lernen, Erdung.
Talismantik: Amulette gegen Bedrohung des Besitzstandes von außen; Talismane zur Förderung von (langsam wachsendem) Reichtum und der Fruchtbarkeit.

Die Rune BERKANO steht wie der Birkenzweig selbst für die Urerdmutter, für das weibliche Prinzip schlechthin. Setze dich mit deiner eigenen Weiblichkeit auseinander. Als Frau: Erkenne dich selbst im Verhältnis zu deinem Animus. Als Mann: Erkenne dich selbst im Verhältnis zu deiner Anima. Werde empfänglich für die Kräfte des Kosmos. Durchschaue die Täuschung und sei geschickt, wenn du selbst Täuschung einsetzen mußt. Erfolg kommt oft nur in kleinen Schritten, übe also Geduld. Realistische Einschätzung der Gegebenheiten und Sorgfalt im Detail sichern deinen Erfolg. Es muß auch überflüssig gewordener, „welker" Ballast abgeworfen werden. Sei barmherzig, aber konsequent. Meide jede Sentimentalität.

AFFIRMATION

„Ich erkenne das Weibliche in mir und liebe es."

DIE RUNE EHWAZ

DIE FORM

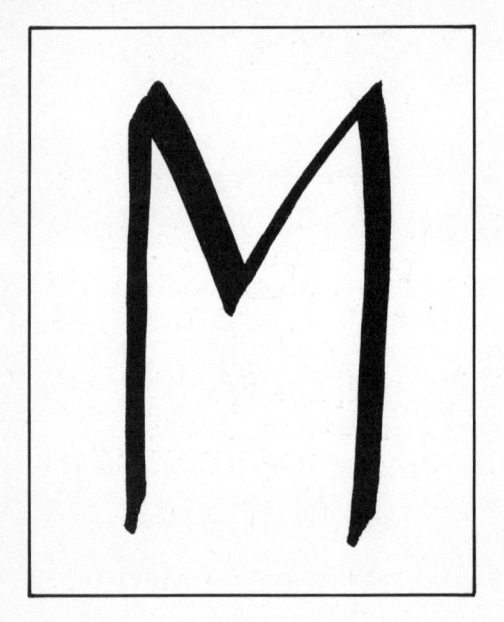

EHWAZ

DAS BILD

Das Pferd
Das Luftroß Odins (Sleipnir)
Die Zwillinge

STICHWORTE

Pferd; Reiten; Bewegung; Zwillinge; Teamarbeit; Symbiose; Fruchtbarkeit; Frieden; Sinnlichkeit; Schutz; Vertrauen; Treue.

DER RUNENVERS

> *Das Pferd ist für die Krieger*
> *der Helden Gesippe,*
> *ein Stürmer, stolz zu Hufe.*
> *Darüber die Recken*
> *auf Kriegsrössern*
> *Rede wechseln,*
> *und stets ist es ein Trost*
> *den Rastlosen.*

WEIHEHANDLUNG

Frage: Was tust du, um das Zusammenwirken von Geist und Körper, von Herz und Hand, von „Roß und Reiter" zu verwirklichen?

Zusammenarbeit aller beteiligten Kräfte ist das Geheimnis von Frieden, Fruchtbarkeit, Erfolg und Wohlstand. Treue und Zuverlässigkeit ermöglichen Gemeinsamkeit.

Stelle die Rune zur Förderung dieser Erkenntnis.

WEISSAGUNG

Positiv aspektiert: dynamische Harmonie; gute Zusammenarbeit; eingespieltes Team; Vertrauen; Loyalität; gemeinsame Bewegung auf dasselbe Ziel hin; Ehe; Partnerschaft; kollektives Gelingen; Einheit von „Herz" und „Hand", von Theorie und Praxis.
Negativ aspektiert: erstarrte Harmonie; Verflachung; Denk- und Gefühlsklischees; Selbstzufriedenheit; Kritiklosigkeit; Auflösung im anderen; Selbstverlust; kollektive Trägheit; Diskrepanz zwischen Wollen und Tun; leere Hoffnung auf Bewegung.

Der Runenrat

Erkenne den Wert deines „Reittiers" – gleichviel, ob dies ein reales Tier, ein menschlicher Partner (oder mehrere) sei – oder ob es sich dabei um Theorien, Arbeitshypothesen oder andere Hilfen handelt, mit denen du von einer Realität in die andere „reitest".

RUNENMAGIE

Schutzmagie: Verwende die Rune zur Konsolidierung kollektiver Zusammenarbeit und zur Abwehr von Tendenzen zu träger, unkritischer Selbstzufriedenheit und -gerechtigkeit; ebenso zur Stärkung aller fruchtbaren Symbiosen.
Heilungsmagie: Verwende die Rune zur Förderung der Beweglichkeit sowie zur Harmonisierung symbiotischer Prozesse im Körper *und* im Geist.
Talismantik: Talismane für Treue und Zuverlässigkeit sowie für gute Zusammenarbeit und Einigkeit. Amulette gegen „Übermaß an Harmonie" und gegen Störfeuer von außen.

EHWAZ ist eine „Zwillingsrune". Sie verkörpert die geschickt herbeigeführte oder natürlich gewachsene Symbiose zwischen grundverschiedenen Kräften oder Elementen (Mensch und Pferd). Eine solche konstruktive Dualität beflügelt, verleiht dir Tempo in deinem Handeln. Verschließe nicht die Augen vor der Andersartigkeit, nur so kannst du sie achten, nur so wird sie dir mit Achtung gegenübertreten. Und verschließe auch nicht die Augen vor dem gemeinsamen Ziel – so erreichen beide, was sie anstreben und was ihnen gebührt. Verläßlichkeit, Treue und gegenseitiges Geben und Nehmen sind die Grundlagen jeder fruchtbaren Beziehung. Strebe eine *discordia concors* an, eine angenommene Vielfalt, anstatt deine Energien darauf zu vergeuden, durch vorschnelle Vereinfachungen eine falsche Einigkeit zu erzwingen, die schon bald unter der geringsten Belastung zerbricht.

AFFIRMATION

„Ich erkenne die Verschiedenheit in der Einheit und die Einheit in der Verschiedenheit."

DIE RUNE MANNAZ

DIE FORM

MANNAZ

DAS BILD

Mann/Mensch
Vermählung von Himmel und Erde

STICHWORTE

Mensch; Menschheit; Menschlichkeit; soziale Ordnung.

DER RUNENVERS

Der Mann/Mensch ist in seiner Freude
seiner Sippschaft lieb,
auch wenn beide
voneinander scheiden werden;
denn der Herr will
durch sein Gebot
dies schwache Fleisch
der Erde übergeben.

WEIHEHANDLUNG

Frage: Was tust du, um deine eigene Menschlichkeit und die anderer zu erkennen?

Erfahre täglich das Wirken der kosmischen Ordnung und die wahre Menschlichkeit in dir und in anderen.

Stelle die Rune zur Unterstützung deiner Meditation, am besten eine Woche lang etwa drei- bis viermal täglich. Sie kann dir auch dabei dienen, die Erinnerung an uraltes Wissen zu wecken.

WEISSAGUNG

Positiv aspektiert: Menschlichkeit; Kraft und Erkenntnis durch höheres Wissen; großer Durchblick; glückliches Zusammenleben; Einsicht in kollektive Zusammenhänge; Gemeinsamkeit; kollektive Ordnung; Toleranz.
Negativ aspektiert: Orientierungsverlust; mangelnder Durchblick; Verwirrung durch Verkennen kollektiver Zusammenhänge; Auflösung kollektiven Zusammenhalts; Entfremdung; Verrohung; Vereinsamung; Verblendung; Intoleranz.

Der Runenrat

Erkenne das Wesen der Menschlichkeit, nimm die Menschen so, wie sie wirklich sind, und nicht etwa so, wie du sie gern hättest oder wie das System es von ihnen verlangt.

RUNENMAGIE

Schutzmagie: Verwende die Rune für die Erkenntnis menschlicher Bedingtheit und Größe. Abwehr gegen Fehleinschätzungen anderer.
Heilungsmagie: Verwende die Rune zur Herstellung absoluter Ehrlichkeit, auch was Sinn und Ziel der Erkrankung angeht. Behebung von Selbsttäuschung und Umnachtung.
Talismantik: Talismane für Liebeszauber und Vereinigung sowie für atavistische Magie (Arbeit mit vorgeschichtlichen Bewußtseinsstufen) und Schamanismus. Ebenso zur Erlangung höherer Erkenntnisse. Amulett gegen Trennungs- oder Lösungszauber.

Auch die Rune MANNAZ symbolisiert die Vereinigung von „Himmel" und „Erde", allerdings in ihrem „Mondaspekt" – auf der Ebene des Unterschwelligen und Intuitiven. Hier findest du zur Menschenkenntnis, die aus echtem *Erkennen* geboren wird und nicht etwa aus dem Zynismus der Enttäuschung oder der Verachtung. Nutze die Rune zur Herstellung der Verbindung zur Vergangenheit, zur Reaktivierung des Gedächtnisses (sogenannte „Erberinnerung"). Mit ihr bekämpfst du auch erfolgreich die Furcht vor der Wahrheit. MANNAZ ist eine „Spiegelrune" in dem Sinne, als sie dir dein wahres Wesen offenbart – sofern du es wagst, diesem Wesen ins Auge zu blicken. Gelingt dir dies, so hast du die alte Forderung aller geistigen Lehren – das „Erkenne dich selbst" – ein Stück erfüllt. Doch ist dies eine Lebensaufgabe, die du niemals beenden können wirst. Genieße das Spiel der Ent-Täuschung.

AFFIRMATION

„Ich bin Mensch."

DIE RUNE LAGUZ

DIE FORM

LAGUZ

DAS BILD

Gewässer
Meer, Welle
Lauch

STICHWORTE

Urwasser; Gesetz; Ursprung; Einweihung; Leben; Tugend; Wachstum; Vitalkraft; strenge Prüfung.

DER RUNENVERS

*Ein Vierzehntes kann ich, soll ich des Volkes Schar
der Götter Namen nennen,
Asen und Alben kenn' ich allzumal;
wenige sind so weise.*

*

*Wasser erscheint den Menschen
endlos,
wenn sie sich hinauswagen
auf unsicherem Schiff
und die Meereswogen
sie sehr erschrecken
und der Wogenhengst
seinem Zaume nicht gehorcht.*

WEIHEHANDLUNG

Frage: Wie verhältst du dich bei strengen (Lebens-)Prüfungen?
Verschaffe dir Klarheit über dein eigenes Durchhaltevermögen und deine Standhaftigkeit angesichts von Schicksalsprüfungen — und über die gewaltigen Kräfte in deinem Inneren, die es dir ermöglichen, solche Prüfungen zu bestehen.
Stelle die Rune in Zeiten schwerer Schicksalsschläge, um diese besser zu meistern — oder zu ihrer Abwendung durch rechtzeitiges Lernen und Erkennen dessen, was dir das Schicksal zur Aufgabe machen will. So förderst du deine Weiterentwicklung.

WEISSAGUNG

Positiv aspektiert: Einweihung; strenge, aber durchaus zu meisternde Prüfung; sofortiges Handeln; Weiterentwicklung durch Entbehrungen; Wachstum; Seefahrt; lange Reise; Schicksalsfahrt.
Negativ aspektiert: aus Furcht Verweigerung der Einweihung; Ausweichmanöver; Verzögerungen; Stagnation; Unbeweglich-

keit; enges, unflexibles Denken; Feigheit; Verlust der Vitalkraft; Vergiftung.

Der Runenrat

Handle unverzüglich! Schiebe nichts mehr auf die lange Bank. Lerne, den „Wogenhengst" [= Schiff] zu zähmen, der dich über die Wasser des Lebens trägt.

RUNENMAGIE

Schutzmagie: Verwende die Rune zur Stärkung deines Durchhaltevermögens in widrigen Umständen. Schutz vor Verrat aus Furchtsamkeit und vor Giftzaubern.
Heilungsmagie: Verwende die Rune, um Kräuterwissen zu erlangen und anwenden zu lernen.
Talismantik: Talismane, um Kräuterwissen zu erlangen und für sicheres Reisen. Amulette gegen Vergiftungen sowie gegen Unfälle.

Die Rune LAGUZ symbolisiert das Prinzip des kosmischen Urwassers (Ursuppe). Sie ist das Tor zu deinem Unbewußten, zu den verborgenen Kräften und Mächten, die oft deinen Alltag bestimmen, ohne daß du es merkst. Bedenke, daß auch das „innere Paradies" seine Giftschlangen kennt und daß es für Verdrängungen meistens einen guten Grund gab. Sei umsichtig bei der Offenlegung tiefenpsychischer Inhalte und sorge vorher, dabei und danach für eine gründliche Erdung. Der Lebensweg des bewußten Menschen ist nicht ohne Gefahren – doch in dir ruhen auch die Macht und die Kraft, diese Gefahren zu meistern und aus Schicksalsschlägen gestählt hervorzugehen. Fürchte dich nicht vor der Reise, aber beginne sie erst dann, wenn du über genügend Selbstdisziplin verfügst. Mut ist ebenso gefordert wie innere Gelassenheit und heitere Zuversicht.

AFFIRMATION

„Mut und Zuversicht durchströmen mich."

DIE RUNE INGWAZ

DIE FORM

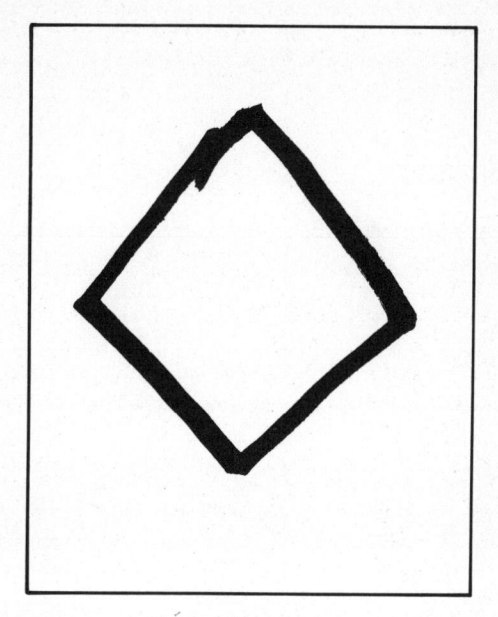

INGWAZ

DAS BILD

Der Gott Ing
Der Erdgott
Die männlichen Genitalien

STICHWORTE

Ing; Erdgott; Held; Ruhe; Gärung; Einsamkeit; Geduld.

DER RUNENVERS

Ing war der Erste
unter den Ostdänen
geschaut von Männern,
bis er wieder ostwärts [„zurück"]
ging über die Woge;
sein Wagen folgte nach;
so nannten die Hardingen
den Helden.

WEIHEHANDLUNG

Frage: Wieviel Geduld hast du mit dir selbst?
Erkenne, daß Phasen der Ruhe im Leben ebenso notwendig sind wie Zeiten eifrigen Tuns. Übe Selbstbesinnung.
Stelle die Rune in der Abgeschiedenheit zur Föderung der „inneren Gärung", damit das Wachstum in Ruhe gedeihen kann.

WEISSAGUNG

Positiv aspektiert: Ruhephase; aktives inneres Wachstum; Gärungszeit; Geduld; Schwangerschaft; Fruchtbarkeit; Besinnung; Einkehr; gezügelte Dynamik.
Negativ aspektiert: Entfremdung; Realitätsverlust; Abkapselung; Autismus; Lähmung; Entwicklungsstörung; Ungeduld; Unfruchtbarkeit; blinder Aktionismus.

Der Runenrat

Übe Geduld und lausche in dich hinein. Laß die Dinge sich organisch entwickeln, erzwinge nichts.

RUNENMAGIE

Schutzmagie: Verwende die Rune zur Absicherung von Gärungsprozessen und neuen Vorhaben, die sich noch im Planungs- oder Anfangsstadium befinden.
Heilungsmagie: Verwende die Rune bei der Schwangerschaft und zur Förderung einer gesunden Fruchtbarkeit.
Talismantik: Talismane für Fruchtbarkeit und organisches Gelingen. Amulette gegen Entwicklungsstörungen.

Die Rune INGWAZ steht für den historischen Helden und/oder Gott Inguaz beziehungsweise Ing, der als Erdgottheit in frühen Zeiten eine große Rolle spielte. Diese Runenkraft ist die Verkörperung der Ruhephase, der konstruktiven Pause, und du solltest sie bei dir zulassen, wann immer deine innere Stimme dir dies nahelegt. Vermeide jede Zersplitterung von Energien und lerne Geduld und Besinnung, wenn du vorher allzu hektisch gelebt haben solltest. Gärung will ungestört bleiben, sonst geht sie in Fäulnis über. Bedenke dieses Mysterium der seelischen Alchemie und vermeide, ungeduldig nachzuschauen, ob es denn „endlich schon so weit" ist! Pflege eine offene Ruhe − kapsele dich nicht in Subjektivismus ab, sondern bleibe empfänglich für alles, was deine Entwicklung fördern kann.

AFFIRMATION

„Ich übe Geduld und genieße meine innere und äußere Ruhe."

DIE RUNE DAGAZ

DIE FORM

DAGAZ

DAS BILD

Der Tag
Das Licht des Tages
Tagstern (Morgen- und Abendstern)

STICHWORTE

Tag; Tageslicht; Tagstern; Zwielicht; Grauzone; Ritualfeuer; Synthese der Polaritäten.

DER RUNENVERS

Der Tag ist der Botschafter des Kosmischen,
teuer den Menschen,
des Göttlichen Licht;
Freude und Hoffnung
für arm und reich,
allen nützlich.

WEIHEHANDLUNG

Frage: Was wirst du tun, um mystische Inspiration zu erhalten und die Synthese der Polaritäten zu schauen?

Dies ist die am stärksten der Mystik verbundene Rune des Älteren Futhark, sie führt dich direkt in die Transzendenz jenseits der Polaritäten. Deshalb ist es auch nicht möglich, hier weitere Empfehlungen für ihren Gebrauch bei der Weihehandlung zu geben, denn das ist eine unmittelbare, zutiefst persönliche Angelegenheit zwischen dem Kosmischen und dir.

WEISSAGUNG

Positiv aspektiert: mystische Erkenntnis; Erwachen; Zugang zum Ideellen; Verwirklichung von Idealen; Hoffnung; Lebensvision.
Negativ aspektiert: Verblendung; Fanatismus; Hoffnungslosigkeit; Verrat der Ideale; Orientierungsverlust; Finsternis.

Der Runenrat

Suche das Ideal überall – es verbirgt sich vielleicht auch dort, wo du es am wenigsten vermutest.

RUNENMAGIE

Schutzmagie: Verwende die Rune zur Förderung mystischer Erkenntnisse.
Heilungsmagie: Verwende die Rune im Zustand der Gesundheit, um dieses Wohlergehen im Kosmischen zu festigen.
Talismantik: –

Die Rune DAGAZ symbolisiert den „Tagesstern" (Morgen- und Abendstern) und somit das Licht der Erkenntnis und der Erleuchtung. Sie steht für deine persönlichen Ideale, für die Offenbarung des Kosmischen, Überpersönlichen. Durch sie und in ihrem Kraftstrom überwindest du die Polaritäten von Licht und Finsternis – doch in diesem Falle weniger durch aktives Handeln als durch Demut und Empfänglichkeit. Wer ihre Macht mißachtet, tritt nie aus der "Grauzone„ der Schattenexistenz hervor, bleibt verblendet von den Illusionen des Alltags und seiner Anforderungen (vgl. Platons Höhlengleichnis), huldigt der kurzsichtigen Selbstsucht und scheitert letztlich als Mensch wie als Runenmagier.

AFFIRMATION

„Das Kosmische offenbart sich mir."

DIE RUNE OTHALA

DIE FORM

OTHALA

DAS BILD

Erbe
Besitz
Heimat, Heim

STICHWORTE

Ererbter Besitz; Grund und Boden; Heimat; Heimstatt; Hort; (kollektiver) Wohlstand; Verwurzelung; Befestigung; Gesetz und Freiheit; Sippe.

DER RUNENVERS

Das Gut ist sehr teuer
jedem Manne,
wenn er genießen kann, was recht ist
und der Sitte entsprechend
in seinem Heim,
am meisten im Wohlstand.

WEIHEHANDLUNG

Frage: Was bedeutet für dich innere und äußere „Heimat"?
  Erkenne deine materiellen Wurzeln (Bodenständigkeit) – sowohl auf der feststofflichen als auch auf der geistigen Ebene. Du bist ein Geschöpf des Bodens.
  Stelle die Rune zur Stärkung deiner inneren und äußeren Verwurzelung barfuß auf nackte Erde.

WEISSAGUNG

Positiv aspektiert: innere Heimat; materieller Wohlstand; Offenheit gegenüber dem Fremden und Außen durch innere Festigung und Verwurzelung; kollektive Sittlichkeit; Selbstbewußtsein; Gruppenordnung; Freiheit; produktive Nutzung des Besitzstandes; Grundbesitz.
Negativ aspektiert: „Blut und Boden"-Ideologie; fanatische Schollengebundenheit; Rassen- und Fremdenhaß; Totalitarismus; Sklaverei; Ausbeutung; Armut; Mangel an Sitte; innere Entwurzelung; Heimatlosigkeit; katastrophale Verstöße gegen Kollektivinteressen.

Der Runenrat

Erkenne die wahre Bedeutung deines Selbst in seiner Einbindung in materiellen Besitz, in das Kollektiv und dessen Gesetze – und schaue auch die wahre Freiheit, die sich aus „Einsicht in die Not-

wendigkeit" ergibt. Das gegenseitige Geben und Nehmen ist die Grundlage aller freien Entfaltung.

RUNENMAGIE

Schutzmagie: Verwende die Rune um deinen Besitz zu sichern und die kollektive Ordnung aufrechtzuerhalten. Förderung des Stammesbewußtseins.
Heilungsmagie: Verwende die Rune zur Erdung und um bei Selbstabkapselung ins kollektive Geschehen einzubinden.
Talismantik: Talismane zur Offenbarung von Erbinformationen der Ahnen; Reichtum und Wohlstand (Grunderwerb). Amulette gegen Verlust und Bedrohung des (kollektiven) Besitzes.

Die Rune OTHALA symbolisiert alles, was sich unter den Begriffen „ererbter (Grund-)Besitz" und „Sippe" zusammenfassen läßt. Sie zeigt das Heimatgefühl im positivsten Sinne an: als Einssein mit den eigenen materiellen und geistigen Ursprüngen. In der Zeit des Nationalsozialismus wurden sie und das Prinzip, für das sie steht, mit eminenter politischer Wirksamkeit mißbraucht: als „Blut- und Boden"-Ideologie, zur Propagierung von „Schollengebundenheit", „Lebensraum im Osten", „Wehrbauerntum", „Rassenzucht" und so weiter. Darin zeigen sich die Gefahren, die sich durch die Mißachtung des Prinzips der Rune OTHALA in Zeiten der Entwurzelung und sittlichen Verrohung auftun. Erkenne die Rune in ihrer wahren Bedeutung: Sie hat nichts mit geistloser „Heimattümelei" zu tun und meint nicht nur die geographische, sondern auch die geistige Heimat und den Erbbesitzstand. Deine Ahnen leben in dir − lasse ihr Wissen in deinem Inneren wieder aufblühen.

AFFIRMATION

„Ich erkenne und bejahe meine geistigen und materiellen Wurzeln."

ANHANG
WEITERFÜHRENDE LITERATUR

Es gibt sehr viel Literatur über Runen, einige wichtige Werke sind allerdings nicht mehr erhältlich, und nicht alles erscheint jedem Leser gleichermaßen als brauchbar. Ich habe mich hier auf eine subjektive kleine Auswahl von Titeln beschränkt, die wirklich nützlich erscheinen und auch nicht vergriffen sind oder (in einem Fall) wahrscheinlich in absehbarer Zeit erscheinen werden.

Am wichtigsten sind wohl die beiden Werke von Edred Thorsson, weshalb sie auch an erster Stelle erwähnt seien:
Edred Thorsson: Handbuch der Runen-Magie; Sauerlach, Urania Verlag, 1987.
ders.: Runenkunde; URANIA VERLAGS AG, CH-8212 Neuhausen, 1988.
Ulrich Jürgen Heinz: Die Runen. Ursprung, Bedeutung, Wirkung, Weissagung; Freiburg i.Br., Hermann Bauer Verlag, 1987.
Michale Howard: Magie der Runen; Basel, Sphinx Verlag 1985.
Karl Spiesberger: Runenmagie; Berlin, Schikowski Verlag, 1968 (2. Aufl.).
ders.: Runenexerzitien, Berlin, Schikowski Verlag 1982 (2. Aufl.).
Vitki: Praktische Runenmagie; Unkel, EDITION MAGUS, 1987.
ANUBIS – Zeitschrift für praktische Magie und Psychonautik.
ANUBIS e.V., Postf. 71 01 64, D-8000 MÜNCHEN 71.

KONTAKTADRESSE

Wer sich für Runenforschung und praktische Runenarbeit im Rahmen eines magischen Ordens bzw. einer Arbeitsgruppe interessiert, der sei auf die *Runengilde* des in diesem Buch mehrfach erwähnten amerikanischen Runenmeisters Edred Thorsson verwiesen. Bitte richten Sie Ihre Korrespondenz (auch in deutscher Sprache) an:

THE RUNE-GILD
P.O.Box 7622
AUSTIN, TX 78713
USA